TERAPIA CON DELFINES

Terapia asistida con delfines para niñas y niños con discapacidad.

ROCIO SULLIVAN

ISBN-13: 978-1981229512

DEDICACIÓN

Este libro está dedicado a Niki, mi sobrina. Ella fue una gran inspiración en mi trabajo en el proyecto de terapia con delfines para niños con discapacidad. Recordarla es para mí un honor, con ella aprendí el significado de disfrutar la vida, la música, la fortaleza del cuerpo humano y el poder del espíritu humano. De sus padres, aprendí el amor incondicional, la fuerza que da el amor, la valentía, dedicación, motivación, el acompañamiento, la aceptación y jamás rendirse.

CONTENIDO

Agradecimientos   I

Introducción

1   Hablémos de la discapacidad   Pag.   10

2   Padres de Familia   Pag.   20

3   Terapia con Delfines   Pag.   35

4   Evaluación Psicométrica   Pag.   47

5   Casos Clínicos   Pag.   59

6   Bibliografía   Pag.   106

TERAPIA CON DELFINES DIRIGIDO A NIÑOS CON DISCAPACIDAD.

ANGELES EN LA TIERRA:

Dios al ver la humanidad entristecida por la violencia, decidió hacer una reunión con los ángeles y les dijo:

-Bajarán a la tierra, tendrán grandes diferencias y retos muy especiales.

Empezó a decirle a cada uno de ellos cual sería la característica que lo haría especial.

-Tú, tendrás memoria y concentración de excelencia. Serás ciego.

-Tú, tendrás pensamientos profundos. Tendrás parálisis cerebral.

-Tú vivirás en la tierra, pero tu mente se mantendrá en el cielo, preferirás escuchar mi voz a la de los hombres. Tendrás Autismo.

- A ti, te daré el don del amor. Habrá muchos como tú en la tierra y no habrá distinción de raza, porque tendrás la cara, los ojos, las manos y el cuerpo como si fueran hermanos de sangre. Tendrás Síndrome de Down.

Y así es como los ángeles llegan a la tierra, espíritus superiores en cuerpos especiales. Con la misión de inspirar fe, esperanza, paciencia, valentía y fortaleza.

Ustedes Iluminarán a otros humanos y aprenderán con cada uno de ustedes, lo que es sentir un amor profundo y la aceptación total. El corazón de quien los ame encontrará la bendición de dar y entregarse. Ustedes despertarán el don de ver más allá de las diferencias para encontrar la conexión total de las almas, aún sin la necesidad de palabras o miradas.

(Adaptación por Rocio Sullivan de la reflexión Ángeles en la tierra de autor desconocido)

INTRODUCCIÓN.

La intención de escribir este libro tiene varias finalidades. Una de ellas es crear conciencia acerca de las experiencias que viven las personas con discapacidad para que podamos ponernos un poco en sus zapatos y no nos convirtamos en otro obstáculo para ellos, más bien, que seamos parte de la solución y motivación para que sigan adelante.

Otra de las finalidades es mandarles un mensaje a los padres y familiares de personas con discapacidad que no están solos en este camino, ya que existen muchos recursos a los cuales ustedes pueden tener acceso, y de todo corazón reconocerles todo lo que hacen por sus hijos, ustedes son sus héroes y deseo que la fuerza que los impulsa a ayudar a sus hijos cada vez se haga más fuerte.

La tercera finalidad es compartir con ustedes mi experiencia con el proyecto de terapia para niños con discapacidad como terapeuta y compartir los resultados que obtuvimos de todo el sistema que desarrollamos la Doctora Araceli y yo; claro con todo el apoyo del gran equipo del DIF, que formamos con los demás terapeutas y personal del delfinario.

Los niños me enternecen y me llenan de alegría, pero fue cuando conocí a todos estos pequeños que fueron parte del proyecto y a sus padres que me permitió presenciar pequeños y grandes milagros. Entender el valor de una sonrisa de alguien a quien se le dificulta expresarse con palabras, es realmente la manifestación pura del alma.

Este libro está dedicado a mi sobrina Nicole, un verdadero ángel en mi familia. Los doctores no le daban mucho tiempo de vida por las complicaciones que tenía. Ella nació con daño en el cromosoma 18. Sin embargo siendo la guerrera que era, llegó hasta los 5 años de edad gracias al amor y dedicación de sus padres.

Recuerdo la frase que dijo mi hermano, si ella está destinada a tener una mente de niña, pues bien, entonces disfrutaré más de su niñez y me divertiré más tiempo con ella, jugaremos todos los días. Su mamá nunca le dio un trato diferente a sus otras hijas, les dio las mismas oportunidades y la impulso a disfrutar del mundo.

En mi mente tengo su imagen siempre con una sonrisa, escuchando música y vaya que disfrutaba el rock and roll. Realmente un ángel que llegó a transformar y hasta salvar vidas.

Una de las grandes lecciones que aprendí de todos ellos, es que la vida es hermosa, existen tantas cosas por las que estar agradecidos y que al estar acostumbrados a tener tanto, se nos olvida la belleza de estar vivos y sanos. Para ellos es un gran logro emitir un sonido, poder ponerse de pie, caminar, comunicarse, escuchar, escribir, comer y todas las actividades básicas de nuestros músculos. Es increíble ver la fuerza de su espíritu que a pesar de las circunstancias tanto ellos como sus padres, no se rinden y buscan mejorar día a día, cada conquista se convierte en algo importante.

Es por esta razón que reconozco la gran labor de padres, terapeutas, familiares y amistades, para apoyar e impulsar a estos pequeños, haciendo de su vida una gran aventura digna de ser vivida. Hacer conciencia de la situación de las personas con discapacidad y sus familias, más una investigación con delfines para niños con discapacidad.

El libro está basado en una investigación realizada con niños y niñas de diferentes discapacidades tales como: Parálisis cerebral, Síndrome de Down, Retraso mental y Retraso psicomotor; en un rango de edad de 2 a 10 años.

El proyecto de investigación está enfocada en la terapia con delfines, en un periodo de aproximadamente de 3 meses, en el año del 2008, realizado en las instalaciones de un delfinario localizado en Nuevo Vallarta con apoyo de Ana Berúmen de Cuevas, Presidenta del DIF de Bahía de Banderas, Nayarit, México.

En esta investigación se aplicaron pruebas psicométricas, en las cuales se evaluaron las funciones físicas, sociales, intelectuales, con el objetivo de medir y comparar los resultados en un pre y post test para establecer el impacto de la terapia con Delfines.

De acuerdo a lo mencionado por la autora Elisa Arraíz en el libro "Agua para la Vida" menciona que el delfín es capaz de emitir sonidos que van desde 0.25 hasta 220 Khz; lo que significa que el delfín puede emitir señales ultrasónicas.

Elisa define la terapia con delfines como aquella terapia de eco localización que se basa en la emisión de ondas sonoras difíciles de percibir por su alta frecuencia a manera del bip de un sonar, la cual consiste en que el delfín puede dirigir ese sonar hacia un ser vivo y atravesarlo completamente. (Lucca, 1997)

La coordinadora de la Terapia Asistida con Delfines del Acuario de Aragón, Mitzi Pérez García menciona que los pacientes con necesidades especiales o con trastornos de tipo neurológico al estar en contacto con los delfines reciben de manera directa la estimulación que generan las ondas sonoras de alta frecuencia emitidas de manera natural por estos animales mejorando en aspectos cognoscitivos como en emocionales lo cual repercute en la mejora de atención en ambientes de enseñanza. Además de disminuir los niveles de ansiedad al modificar algunos parámetros como frecuencia cardiaca, ritmo cerebral y tono muscular. (García, 2007).

El objetivo de la investigación es demostrar el impacto de la terapia con delfines en la mejora del funcionamiento de las diferentes áreas como intención comunicativa, movilidad de miembros inferiores y superiores, área intelectual y área emocional en las que los niños se desempeñan.

CAPÍTULO 1

HABLÉMOS DE LA DISCAPACIDAD.

Tener un hijo o hija con discapacidad puede ser muy impactante para los padres de familia. Es un tema sensible, por lo que vale la pena entender lo que significa una discapacidad, de esta manera podemos ayudar para que disminuya la discriminación que ellos padecen y aprender a no utilizar términos que puedan sonar despectivos; cuidando no etiquetar o limitar a las personas que tienen una discapacidad.

Existe una gran diferencia entre los términos, una persona con discapacidad y una persona discapacitada. La primera se refiere a que la persona presenta una discapacidad para interactuar con el medio físico y social que le rodea, la cual pudiera desaparecer si se implementan acciones para mejorar su interacción. La segunda le atribuye a la persona la discapacidad como parte de su naturaleza humana y de su personalidad, siendo que no lo es.

Ponerles sordito, cieguito o llamarlos discapacitados es ponerles una etiqueta que los limita. De ninguna manera son minusválidos, ya que su valor como ser humano no ha disminuido.

Tampoco los términos incapaz e impedido están bien aplicados, a pesar de tener una discapacidad, ellos pueden amar, demostrar sus emociones, pueden ejercer su ciudadanía y dependiendo del nivel de su discapacidad, algunos de ellos pueden trabajar, estudiar, crear, pensar, hacer deporte, pueden ser productivos y lograr muchas cosas más si se lo proponen y se les presta la ayuda necesaria.

Es necesario comprender que las personas con discapacidad también poseen otras capacidades que pueden aportar a sus familias y a la sociedad.

Es cierto que tienen características especiales y retos más grandes, pero eso no les impide salir adelante, adaptarse a la sociedad, encontrar su misión en la vida, disfrutar del mundo, e incluso sobresalir y alcanzar más metas que las personas que etiquetamos como normales. De hecho el concepto de normal es altamente cuestionable, ya que la normalidad depende de las creencias y costumbres de cada civilización, por lo tanto no es una terminología que se deba aplicar para diferenciar a las personas.

Como dato interesante, el Día Internacional de las Personas con Discapacidad se celebra el 3 de Diciembre de cada año.

Según la Convención Internacional sobre los Derechos de las Personas con Discapacidad, aprobada por la ONU en 2006, es imperante tener el prefijo "Persona" seguido por el nombre de la discapacidad, por ejemplo: Persona con parálisis cerebral.

Uno de los objetivos de la ONU es proteger y reforzar los derechos y la igualdad de oportunidades para todos los seres humanos, incluyendo a los más de 1000 millones de personas con discapacidad (Cantidad estimada en el 2011) algunos de los derechos que pronuncia son:

- El derecho a la vida y que como seres humanos nacemos libres e iguales, con las mismas oportunidades

- Derecho a la autonomía y a la libertad de expresión.

- A la no discriminación y a la participación en la sociedad.

- A la seguridad de nuestra persona y a un nivel adecuado de protección social.

- Al reconocimiento de nuestra persona ante la ley y la justicia.

- A la libertad de circulación y accesibilidad.

- A una nacionalidad, a un trabajo y a un salario igualitario.

- Al respeto de nuestra privacidad.

- A contraer matrimonio y fundar una familia.

- A la salud, la educación y a una vida digna.

La igualdad de oportunidades se representa como la ausencia de discriminación, directa o indirecta hacia una persona con discapacidad, así como también adoptar medidas que eviten o compensen las desventajas de una persona con discapacidad para que pueda participar e interactuar en los ámbitos políticos, económicos, culturales y sociales.

Ahora bien, es importante entender que una persona con discapacidad es aquella persona que posee una habilidad disminuida con respecto a la media de la población en la que vive; también se refiere este término a las personas que no pueden o que se les dificulta interactuar por sí mismas y que requieren de cierta ayuda para hacerlo.

Algunas áreas de funcionamiento de las personas con discapacidad que se ven afectados son: movilidad, comunicación, cuidado de sí mismo, vida social, vida doméstica y aprendizaje.

Desde el punto de vista médico, una discapacidad puede ser causada por una enfermedad, trastorno, algún trauma, accidente, deficiencia, gen hereditario, malformación congénita, entre otras. Se clasifican de la siguiente manera:

Discapacidad física: Se define como la disminución o ausencia de las funciones motoras o físicas. Las causas son diversas, desde la gestación, problemas con el parto, lesión medular, accidentes o bien por cuestiones propias del organismo (por ejemplo: derrame cerebral). Existen ocho diferentes tipos de discapacidad física:

- **Discapacidad de potencia muscular:** Por lo general es debido a la falta de potencia en los músculos. Sus causas posibles son: lesión en la médula espinal, espina bífida o poliomielitis.

- **Discapacidad de rango de movimiento pasivo.** El rango de movimiento en una o más articulaciones es reducido. (La artritis no es considerada una de ellas).

- **Pérdida o deficiencia de un miembro**. Se presenta debido a una total o parcial ausencia de huesos o articulaciones por causa de alguna enfermedad, trauma, accidente o deficiencia congénita.

- **Hipertonía:** es una tensión anormal en los músculos, que no permite su estiramiento natural. Sus posibles causas son por una lesión, enfermedad, o condiciones que afecten al sistema nervioso central.

- **Ataxia:** consiste en la pérdida de coordinación de los movimientos musculares.

- **Atetosis:** caracterizada por desequilibrio, movimientos involuntarios y dificultad para mantener una postura simétrica.

Discapacidad visual: es la pérdida de visión, total o parcial en cualquiera de los componentes, estructura del ojo, receptores, nervio óptico o la corteza visual.

 Discapacidad intelectual: Es una disminución de las funciones mentales superiores tales como la inteligencia, lenguaje, aprendizaje, entre otros.

Discapacidad psíquica: Las personas sufren alteraciones neurológicas y trastornos cerebrales.

Discapacidad sensorial: Personas con deficiencias en los cinco sentidos del cuerpo humano: Vista, oído, olfato, tacto y gusto.

Cabe mencionar que en psicología se cataloga el grado de severidad de un trastorno psicológico de acuerdo a la funcionalidad de las personas en el ambiente que le rodea y se desempeña. Una persona que logra funcionar e interactuar con el mundo a su alrededor a pesar de su trastorno psicológico se acerca a la normalidad y el grado de severidad de su trastorno disminuye.

La sociedad es responsable de hacer modificaciones necesarias para que las personas con discapacidad puedan participar y moverse libremente.

Para lograr este cometido de equilibrar las oportunidades entre personas con discapacidad y sin discapacidad se deben eliminar barreras y obstáculos en banquetas, estacionamientos, poner rampas, elevadores, guías para personas con discapacidad visual y auditiva, paradas de transporte público; y deberán cumplir con características y dimensiones que permita la accesibilidad de las personas con discapacidad.

La idea principal es que ajustemos todo aquello que de invención humana para que pueda ser utilizado por todas las personas. Es decir, es importante hacer las adaptaciones necesarias para que las personas con discapacidad, quienes tienen que moverse de manera distinta a la normal, puedan hacer uso de objetos, acceder a servicios, tecnología e información o visitar lugares; todo esto con el objetivo de integrarlo a la sociedad de manera que puedan interactuar y desplazarse en la ciudad, reduciendo así su nivel de discapacidad.

Conforme avanza la tecnología se han diseñado prótesis, sillas de ruedas eléctricas, algunas incluso permiten a la persona ponerse erguida (de pie), los perros han sido entrenados para ayudar a las personas con discapacidad para compensar una deficiencia y aumentar el nivel de funcionalidad.

Es también muy importante tener valores cívicos para respetar los espacios designados para ellos y no bloquearlos, como los son las rampas de acceso, estacionamientos de color azul.

Imagina que alguien te bloqueara el acceso e impidiera que te movieras libremente. Supongo que alguna vez alguien se ha estacionado en la entrada de tu cochera, si es así, has sentido la rabia de tener que mover tu carro y estar limitado, si de alguna manera has experimentado emociones al estar bloqueado o encerrado, comprenderás la importancia de respetar sus espacios.

Las personas con discapacidad no deberían estar obligadas a encerrase en casas o instituciones. La sociedad cada vez está siendo más inclusiva, ha implementado espacios y actividades para que sean productivos y más independientes.

Existen empresas que contratan a personas con discapacidad, también se han creado espacios deportivos para atletas con distintas discapacidades. A nivel internacional se llevan a cabo los juegos paralímpicos, adaptando distintas disciplinas y categorías para los atletas con discapacidad física, visual o intelectual.

CAPÍTULO 2

PADRES DE FAMILIA

Cuando nace un bebé con necesidades especiales se requiere de un profesional especializado para dar la noticia a los padres y de igual manera puedan explicar lo que implica tener un bebé con necesidades especiales, deben de existir programas para apoyar a los padres.

No se trata de dar un diagnóstico frío y plantear un panorama desalentador para los padres. Los médicos y especialistas pueden dar los datos científicos sobre la condición, síntomas y pronóstico que puede presentar el paciente.

No todos los especialistas se aventuran a aconsejar o a dar buenos pronósticos a sus pacientes o a los padres de ellos, ya que si no se presentan los avances positivos culpan generalmente son culpados por las falsas esperanzas o porque explican la condición de una manera práctica.

Es necesaria una preparación adecuada a los profesionistas que van a dar la noticia sobre la situación de discapacidad. Los planes terapéuticos pueden, incluso, re evaluarse periódicamente e irlos ajustando a las circunstancias de cada persona con discapacidad.

Siempre se ha presentado la excepción a la regla, los avances que pueden lograr las personas con discapacidad dependen en gran manera no solo de su situación física, sino en base a su determinación, voluntad, la forma en que deciden experimentar su vida y la percepción que tengan de su situación; así como también son una gran influencia las personas en su entorno cuando les ayudan a seguir creyendo que es posible, que les apoyan a ver las posibilidades y a seguir intentando una y otra vez hasta lograrlo.

La actitud y el compromiso de los padres de familia son la base para lograr avances en el desempeño de sus hijos e hijas con discapacidad. Cuando los padres son perseverantes, mantienen la esperanza no dándose por vencidos, resolviendo cualquier obstáculo o desafíos, trabajando día a día con sus hijos logran que sigan avanzando a pesar de sus circunstancias.

Los pronósticos han sido más favorables cuando los padres se niegan a ver a sus hijos como seres incapacitados o víctimas que necesitan ser sobreprotegidos. Los grandes avances en la vida de las personas con discapacidad es cuando las personas a su alrededor les exigen superarse de la misma manera que a los otros miembros de la familia.

Es normal que ante la noticia de que tienen un hijo con discapacidad surjan emociones encontradas, tales como la culpa, depresión, enojo, frustración, etc. Puede ser aterrador en un principio saber que tu bebé no tendrá las mismas oportunidades o bien, que se le dificulte su interacción con los demás.

Sobre todo los miedos que más afectan son: Si los padres fallecen, quién cuidará de sus hijos, miedo a enfrentar algo nuevo, de por sí ya es difícil ser padres, cuidar y guiar a un ser humano, se vuelve abrumador pensar en poder ayudar a sus hijos a crecer sobrepasando sus limitaciones.

No todas las personas nacen sabiendo cómo ser padres exitosos. Un hijo o hija con discapacidad requiere de estimulación temprana, terapia física, es un reto el poder ayudar a que sus capacidades intelectuales se desarrollen y puedan aprender lo básico para interactuar en el mundo que les rodea.

Uno de los factores más importante es el componente emocional, ya que tristemente la sociedad y las escuelas no están preparadas para interactuar de manera positiva, muchas personas sufren de bullying y burlas constantes por ser diferentes o tener limitaciones que otros no tienen.

Ayudar a los niños a aceptar que son diferentes y que no por ello tienen menor valor como personas que los demás. Educarlos a que a pesar de sus circunstancias ellos pueden seguir adelante y que es posible lograr lo que se proponen si todos los días se preparan para ello. No requieren un trato especial ni ser sobreprotegidos, requieren el apoyo necesario de acuerdo a sus circunstancias y el nivel de afectación que tenga cada persona para que pueda interactuar con su medio ambiente. Algunas veces la sobreprotección limita al espíritu humano y llena de miedo y dudas a la mente, esta es la más grande discapacidad que existe ya que es la que limita mayormente el potencial de cada ser humano.

Afrontar el rechazo, las miradas en la calle, los comentarios de personas que ignoran lo que es estar en esa situación, lo cual afecta de gran manera a los padres y a los hijos o hijas con discapacidad. Es muy probable que en un principio no quieran salir de casa, se aparten de sus amistades y familiares, no por que sientan vergüenza, sino por las actitudes y expresiones de quienes le rodean. Se vuelven más sensibles y de cierta manera prestan más atención a las reacciones de las personas hacia sus hijos.

Algunas parejas se separan, la culpa es una de los principales motivos. Una de las primeras reacciones es querer encontrar un sentido a lo que les ha sucedido, buscan responsables. Comienza un sinfín de ideas sobre lo que pudo haber salido mal durante el embarazo, buscan respuestas en los genes de las familias e incluso hasta en supersticiones como haber concebido en tiempos de luna roja, o bien si concibieron a través de métodos especiales. A veces incluso piensan que puede ser un castigo divino por algún pecado que ellos consideran debe ser pagado.

Definitivamente no es fácil de digerir la noticia de que tu hijo sufrirá en su vida para adaptarse o valerse por sí mismo. El apoyo de la sociedad en la que viven y el tipo de creencias que tengan influye mucho en la dinámica familiar. Existen algunas culturas que toman como una bendición tener un hijo o hija con capacidades diferentes.

Quiero compartirles dos historias bastante interesantes de dos culturas muy antiguas que se relacionan el tema de la discapacidad.

De la cultura sumeria surge un ser mitológico, Enki que significa *El señor de la tierra*.

Enki tenía la misión de crear a los hombres e impulsar a que otras divinidades a que los creasen también. Al crearlos los dotaba con oficios y medios técnicos para la agricultura y las artes, de esta manera los dioses podían relajarse y dejar que los humanos asumieran sus responsabilidades.

Un día en que estaban reunidos los dioses y después de haber consumido demasiado vino, la diosa Ninmah dijo que ella podía crear seres humanos imperfectos.

Enki dijo: "Es posible que sean imperfectos pero me voy a asegurar que tengan una tarea para que puedan encajar perfectamente en la sociedad humana."

Por lo que Ninmah, para probar que Enki estaba equivocado, creó un ciego y Enki lo convirtió en un músico. Ninmah entonces hizo un hombre sin manos, Enki lo convirtió en espía para que le dijera al rey todo lo que veía. Ninmah hizo un hombre que no podía hablar, Enki hizo que le diera un baño al rey en silencio, algo que le sirvió para olvidarse de las charlas y chismes del palacio.

Ninmah creó una mujer estéril y Enki la convirtió en una cortesana. Después se le ocurrió crear un ser asexuado, Enki lo convirtió en el custodio del harén del rey. Ninmah finalmente se dio por vencida y perdió la competencia al darse cuenta de que Enki podría convertir cada situación de desventaja en una ventaja.

En los Puranas de la India, dicen que Vinata, esposa de Kashyapa, una vez puso dos huevos, al ver que no empollaban se impacientó y rompió uno de los huevos. El niño que surgió estaba incompleto, no tenía piernas ni genitales por lo que no se sabe si era hombre o mujer. Su nombre era Aruna (el rojo), el dios de la madrugada y se le dio un lugar con los dioses hindúes como el auriga del dios sol – o aura del sol.

En la India se les trata con respeto a las personas con discapacidad física, incluso se les considera como parte de sus deidades y les rinden culto.

Hace tiempo vi un reportaje de una niña que había nacido con cuatro piernas y sus padres estaban en el dilema de operarla para remover el par de piernas extra, ya que la comunidad se oponía porque para ellos representaba la manifestación de una deidad.

Para los países nórdicos los discapacitados eran como los dioses.

Las personas con discapacidad han estado presentes desde que existe el humano y ya que se salen de la normalidad han sido tratados de muchas formas, han sido rechazados, asesinados, los han tratado con desprecio y les han puesto sobrenombres despectivos para referirse a ellos.

Las reacciones de los humanos pueden ser muy especiales cuando ven a alguien con alguna discapacidad física o mental; algunos son empáticos y se enternecen, otros reaccionan con miedo, quizá por no saber cómo tratarlos y de forma ilógica piensan que puede ser contagioso, y lo más triste son las reacción de odio y los agraden porque no se pueden defender.

Afortunadamente en la actualidad existen derechos humanos que protegen y apoyan a las personas con discapacidad. Ya que la antigüedad abandonaban o dejaban morir a niños con deformidades o discapacidades.

En los tiempos modernos que estamos viviendo, en ciertos casos pueden diagnosticar ciertas discapacidades en los bebes dentro del vientre de la madre; lo que ha puesto en conflicto sobre abortar a su bebé o decidir darle la vida con todas las dificultades que enfrentaran juntos. No es una decisión fácil.

Todo depende de la aceptación de los padres y la manera en que apoyen a su hijo. Requiere de un gran compromiso y mucho trabajo diario para sacar adelante a sus hijos.

Si el enfoque se encuentra en las discapacidades y dificultades es aún más aterrador enfrentar la situación y se convierte en algo avasallador.

El enfoque positivo es poner atención en las capacidades que si tiene su hijo, el potencial que aún puede desarrollar y en las primeras etapas darles una gran estimulación temprana.

Las personas con discapacidad nos ponen a prueba en la búsqueda de alternativas creativas para ayudarles a superar las limitaciones y que puedan interactuar de una mejor manera.

Esto significa que la tecnología a lo largo de los años ha creado nuevos dispositivos, objetos, elementos de robótica, máquinas para ayudar a las personas con discapacidad para que se puedan desplazar fácilmente y se puedan comunicar de manera efectiva.

Tanto padres como maestros han tenido que diseñar métodos de enseñanza que les permitan a las personas con discapacidad aprender todo aquello que les será útil en su vida y ser más independientes.

Los métodos de enseñanza actuales han tenido que ser adaptados a nuevas técnicas, ya que han descubierto que el cerebro humano tiene diferentes formas de aprendizaje y que cada ser humano tiene habilidades diferentes, no ha sido tan efectivo una única forma de enseñanza.

Se requiere crear proyectos artísticos en los que puedan participar y desarrollar más habilidades, así como también seguir haciendo investigaciones neurológicas y de psicopedagogía, cada vez se logran más avances cuando se comprende la función del cerebro y del espíritu humano.

Cada persona aprende de manera diferente, de igual forma las personas con discapacidad tienen su propia forma de aprendizaje y no porque se les dificulte la comunicación significa que su cerebro no está aprendiendo, quizá nos falte a nosotros aprender a comunicarnos con ellos.

Llegó a mis manos un video de una jovencita con autismo severo, sin poderse comunicar de manera verbal, de manera casi fortuita con una de sus terapeutas, empezó a comunicarse escribiendo en una computadora y lo que dijo me dejo impresionada "No porque no pueda contestar a lo que me dicen significa que soy tonta, puedo pensar y sentir, todos los días aprendo, no soy un objeto", expresaba también que para ella el autismo era la sobre estimulación de sus sentidos y debido a ello, hacía sonidos raros con su boca y con sus manos, para calmar a su cerebro.

Fue realmente maravilloso el que pudiera encontrar una forma de comunicarse con el exterior y poder compartir lo que sucede en su mundo.

Lo que me hace pensar que las personas con alguna discapacidad no son personas dañadas, inservibles o vegetales que se tienen que mantener vivas. Son personas que sienten, piensan y que todos los días intentan convivir y seguir adelante.

La estimulación que se les proporciona es extremadamente importante como también lo es tomarse el tiempo para entender su forma de comunicarse. Si solo los hacemos convivir con personas con discapacidad, especialmente a los niños en etapa de desarrollo de su cerebro, solo aprenderán lo que vean a su alrededor, es por ello que exponerlos a otros niños sin discapacidad les dará la oportunidad de aprender y de estimular su desarrollo cerebral.

Es una experiencia que requiere ir día a día, encontrando apoyo, terapias, obtener más conocimientos y buscar nuevas técnicas, lo más importante y a veces difícil es mantener la mente y las emociones de una manera positiva.

Generar en sus hijos las ganas de salir adelante, de tener confianza en las habilidades que si tienen es una empresa titánica, ya que requiere que sean los padres los que tengan esa visión, y no desarrollen en sus hijos el sentido de ser víctima y de estar minusválidos.

No todas las discapacidades suceden desde el nacimiento o la infancia. En muchas ocasiones surgen en la adolescencia o en la edad adulta, esto conlleva no solo la actitud de los padres y seres queridos ante la nueva situación, la actitud de la misma persona es de vital importancia para su progreso y su mejora personal.

El apoyo de la familia, amigos y comunidad es crucial en la vida de una persona con discapacidad. Existen recursos disponibles que les ayudan a aumentar sus oportunidades, organizaciones especializadas, terapeutas, maestros, médicos, psicólogos, etc; representan un papel importante en el acompañamiento a la persona con discapacidad y a sus familiares.

El apoyo de amistades y personas que les rodeen es también de gran valía, en conjunto todos forman una gran red de apoyo.

CAPÍTULO 3

TERAPIA CON DELFINES.

EXPERIMENTACIÓN

Se llevó a cabo el programa de terapia con delfines por parte de Vallarta Adventures y por un equipo profesional de del DIF municipal de Bahía de Banderas a niños y niñas con discapacidades diferentes dentro del rango de edad de 2 hasta los 10 años de edad, de ambos sexos y con diferentes grados de afectación neurológica, psicomotora, emocional y de lenguaje.

Con el objetivo de contribuir al mejoramiento de la interconexión de las redes neuronales, permitiendo así mejorar la calidad de vida de los niños.

Gracias a Vallarta Adventures, empresa que proporcionó la experiencia con los delfines como a la Lic. Ana Berúmen de Cuevas, presidenta del DIF municipal de Bahía de Banderas fue posible proporcionar terapias a los niños y niñas para mejorar sus diferentes capacidades mediante el nado con los delfines Tursiops Truncatus (Delfín Nariz de botella) en sesiones de 30 minutos, en los que los niños y niñas interactuaban con ellos. Fue posible generar la confianza en los niños para acercar la nariz del delfín a la nuca de los menores.

De acuerdo a algunas investigaciones científicas, como la del Científico David Cole en Estados Unidos, en su hipótesis cavitacional le atribuye al sonido del delfín frecuencias ultrasónicas que estimulan el sistema nervioso central, así como también el contribuir a la relajación y mitigación del dolor del paciente, a través de estimular la liberación de hormonas como la endorfina; de hecho también se han tenido resultados favorables en tratamiento de la depresión en el nado con delfines.

Otro de los estudios que se han llevado a cabo es el del Dr. Michael Hyson, investigador que estudia el diseño de enrollado del ADN, considera que este puede ser modificado por el sonido y por campos electromagnéticos generados por los delfines.

El 7 de Junio del 2008 se dio inicio con el proyecto y terminó el 14 de Septiembre del mismo año, asistiendo los fines de semana en ese periodo de tiempo a las instalaciones del delfinario en Nuevo Vallarta, Nayarit de la empresa Vallarta Adventures.

El objetivo de trabajar con el delfín terapéuticamente hablando, es el aprovechar la plasticidad cerebral y muscular, los cuales tienden a mejorar al trabajar con el sonar y escaneo del delfín en el cuerpo de los niños.

Así como también aprovechar el medio acuático, el cual permite que el niño tenga una mejor respuesta motora dentro del agua, ya que el peso corporal disminuye significativamente y, esto permite que los ejercicios de rehabilitación se lleven con mayor éxito y con mejores resultados.

Durante este periodo de tiempo en el que recibieron la terapia con los delfines ocurrieron numerosas anécdotas, algunas de ellas graciosas, divertidas y llena de risas. Si se me permite, en lo personal puedo contar una de ellas.

Uno de los delfines estaba maniobrando dentro del agua, nadaba entre las piernas de los adultos, en una ocasión uno de ellos con su aleta trasera alcanzó a darme una nalgada. En otra ocasión uno de los niños estaba tan emocionado que no dejaba de reír a carcajadas y de chapotear en el agua, fue tan contagiosa su alegría que nos tuvo a todos los adultos riendo con él.

Aunque mis siguientes palabras no son probadas científicamente, los delfines mostraban gran paciencia con los pequeños, se pudiera pensar que había una conexión entre ellos, pareciera como si los delfines supieran de que se trataban esas horas que pasamos con ellos.

Fue realmente enternecedor ver a los delfines trabajando con los pequeños, pero claro los entrenadores sabían cuando era el momento adecuado para que el delfín tomara un descanso, mientras nosotros continuábamos con ejercicios físicos y terapéuticos dentro del agua con los niños y las niñas.

Hubieron momentos en los que tanto niños y niñas como sus padres mostraron gran valentía saliendo de su zona de confort, sinceramente cuando los delfines nada con rapidez, su cuerpo parece una sombra debajo del agua, y debo decir que incluso a mí me despertaba una pequeña sensación de ansiedad.

Algunos pequeños por momentos se ponían nerviosos y abrazaban a los adultos, sin embargo casi inmediatamente se relajaban y comenzaban a sonreír. En todo momento el personal dentro del tanque como el personal de apoyo fuera del tanque estábamos atentos a cualquier detalle.

Los entrenadores y personal del delfinario nos trataron de una manera cariñosa, siempre atentos a nuestras necesidades, apoyando a padres y pequeños a sentirse cómodos dentro y fuera del tanque en donde se encontraban los delfines.

Su actitud y apoyo fueron muy importantes para trabajar en un ambiente coordinado, seguro para humanos y delfines, esto es importante mencionar ya que tomaban en cuenta la personalidad y necesidades de cada delfín que participó y, gracias a ello no tuvimos ningún percance o situación desagradable. Durante el tiempo que duró el proyecto en el delfinario estuvimos acompañados de la veterinaria MVZ Paola Smolesky, la Bióloga Patricia Meneses y el Director General de Vallarta Adventures, el Sr. Wayne Phillips.

Los tanques en donde trabajamos con los delfines contenían agua de mar en su totalidad, misma que lleva un proceso de filtración y desinfección, de hecho, en una de sus instalaciones literalmente estábamos dentro del mar; por lo que la piel del delfín y la piel de los humanos no sufrieron ningún daño ni reacción alérgica, ya que no había ningún químico en el agua.

En las instalaciones del DIF de Bahía de Banderas, con el apoyo de la Presidenta Lic. Ana Berúmen de Cuevas, quien proporcionó todo el apoyo necesario para que se realizara el proyecto. Se llevaron a cabo las diferentes terapias comprendiendo un equipo multidisciplinario para atender de forma integral a los niños y las niñas.

En esta ocasión se involucró en las terapias a la familia de los niños, con el objetivo de lograr un mejor funcionamiento en las diferentes áreas en las cuales se desempeñan nuestros pacientes participantes, tales como: Social, Familiar, Afectiva, Intelectual (Educativo) y de Recreación, de tal forma que se puedan adaptar e integrar a su entorno social, y de ésta manera lograr una mejor calidad de vida.

Equipo profesional participante en el proyecto:

- Entrenadores de delfines.

- Coordinadora del Área de Rehabilitación física del DIF de Bahía de Banderas. Dra. Araceli Barraza.

- Médico especialista en rehabilitación física. Dra. Valeria Lizaola.

- Licenciada en Psicología con especialidad en clínica y Psicoterapeuta Gestalt. MTG Rocío Sullivan.

- Auxiliar en Terapia Física.

- Terapeuta de Lenguaje, Lic. Montserrat Arellano Cruz.

- Licenciada en Educación social.

Las terapias de las cuales participaron tanto niños y niñas como sus familias son las siguientes:

➢ Terapia de lenguaje: Se les proporciono sesiones terapéuticas de lenguaje dos veces por semana y algunos de ellos una vez por semana de acuerdo a las necesidades individuales de cada niño. Teniendo como objetivo aumentar su fluidez verbal, vocabulario, estimular la comunicación interactiva, además de una pronunciación más clara y efectiva.

Los niños con discapacidad del habla, se refiere a problemas con la producción de sonidos, mientras que los problemas con el aprendizaje del lenguaje son las dificultades al combinar las palabras para expresar ideas.

➢ Musicoterapia dentro del tanque terapéutico: El objetivo primordial de esta terapia es hacer de una forma divertida y práctica la rehabilitación física para fortalecer músculos, romper con patrones posturales viciosos y lograr una coordinación de sus cuatro extremidades logrando una interacción de movimientos coordinados entre padres e hijos, incluyendo los demás participantes del grupo para reforzar el vínculo afectivo en diferentes ritmos. Los niños y sus familiares aprendieron a relajarse y disfrutar en cualquier medio físico, lo cual también tuvo un impacto favorable en su autoestima.

El trabajo terapéutico en el tanque dentro de las instalaciones del DIF municipal de Bahía de Banderas, fue crucial para los niños y los padres de familia, ya que al irse familiarizando con el agua, nos permitió trabajar con los delfines de una manera más fácil y menos estresante.

Los padres aprendieron a manipular el cuerpo de sus hijos dentro del agua y los niños empezaron a sentirse más seguros dentro de ella.

La idea de utilizar la música mientras se estuvo trabajando con los padres y los niños dentro del tanque terapéutico ayudó a hacer los ejercicios físicos determinados por la terapeuta física.

Los diferentes ritmos de música influyen sobre el nivel de relajación tanto de los padres como de los hijos; así mismo como la facilitación de los movimientos naturales del cuerpo dentro del agua.

Cada una de las terapias descritas anteriormente, contribuyeron a la evolución satisfactoria de las diferentes necesidades que poseen los niños.

➢ Terapia de psicología con enfoque Gestalt a los padres de familia con un total de 10 sesiones. En la cual el objetivo fue ayudar a los padres a entender, comprender y aceptar la discapacidad de sus hijos, para así tener más herramientas y técnicas para ayudar a integrar a sus hijos a su entorno.

Además de crear un espacio en el cual los padres pudieran expresar sus sentimientos sin juicios, aceptarse y amarse a sí mismos, respetar sus necesidades especiales, mismas que los hacen ser padres de excelencia.

Es importante para mí agradecer la confianza de los padres de familia que participaron en el proyecto, su dedicación, esfuerzo y su férrea intención de apoyar a sus hijos es en gran media uno de los factores por los cuales se dieron resultados favorables en este proyecto.

Fue una experiencia maravillosa el testimonio de cada uno de ellos acerca de sus experiencias, desde el embarazo hasta el proceso actual de llevar a sus hijos a la escuela. Son sin duda, conmovedores todos los procesos que tienen que pasar con cada uno de sus hijos. Compartir con ellos lágrimas, sonrisas, dolor, amor, fe y esperanza, me hizo sentirme muy cercana a los pequeños y a sus familias que abrieron sus corazones al proyecto.

El empeño que ellos pusieron fue de vital importancia, atendiendo todas las indicaciones de todos los terapeutas.

Varios miembros de la familia estuvieron involucrados, apoyando en el tanque terapéutico y en las terapias con delfines, Papás, Mamás y hermanos se turnaban y apoyaban unos a otros.

CAPÍTULO 4

EVALUACIÓN PSICOMÉTRICA DE NIÑAS Y NIÑOS DE AMBOS GRUPOS:

PRIMER GRUPO

Para evaluar al primer grupo que comprende las edades de 7 a 10 años de edad, fue necesario diseñar un instrumento para poder evaluarlos debido a las características específicas que presentaban, ya que no existía hasta ese entonces un instrumento de valoración estandarizado. Tras hacer una consulta al departamento catedrático de la facultad de psicología en mi Alma Mater, la Universidad Autónoma de Guadalajara, me orientaron sobre las pruebas psicométricas que podía utilizar para algunos casos, y consulté con ellos sobre los instrumentos y pruebas que diseñe para este proyecto, de manera que fueran funcionales y me permitieran registrar los avances de los niños, en caso de presentarse, al participar en esta terapia.

La prueba que diseñé, evalúa los siguientes criterios:

- Identificar los colores de los crayones y observar si puede escribir su nombre o hacer una flor, en caso que no pueda se le pide que copie una flor para obtener datos del manejo del crayón, la posición de sus manos, la facilidad o dificultad de los trazos que realice. (Medición del desempeño psicomotor fino de extremidades superiores) Al mismo tiempo identificar el nivel de su conocimiento respecto de los colores y descartar daltonismo.

- Identificación de figuras, el menor tiene que identificarlas y acomodarlas donde corresponde en una base con la misma forma. (Medición de la ubicación espacial de objetos tridimensionales y la manipulación de los mismos).

- Laberinto, el menor debe de trasladar de extremo a extremo unas figuras de madera por unos tubos delgados de metal de 3 diferentes colores y formas. (Medición del desempeño psicomotor fino de extremidades superiores)

- Cara, en esta actividad el menor debe ubicar las partes de la cara que son: ojos, cejas, nariz y boca; y debe acomodarlas en su respectivo lugar. (Medición de la ubicación espacial del rostro humano)

- Casa Figuras Geométricas: En esta prueba el menor tiene que ubicar las piezas geométricas y manipularlas hasta poder meterlas dentro de la figura igual localizada a un costado de la casa. (Medición del desempeño psicomotor grueso de extremidades superiores)

- Casa figuras animales: En esta prueba el menor debe ubicar los animales y manipular las figuras hasta lograr introducirlas en la casa por el espacio que le corresponde y al hacerlo se escucha el sonido del animal. (Medición del desempeño psicomotor grueso de extremidades superiores, así como también la asociación de animal y su sonido)

- Casa con figuras: tiene 4 diferentes figuras, al menor se le pide que las observe y busque los patrones similares (Color y figura), después se cambian y se le pide que las acomode nuevamente en su posición inicial. (Medición de la memoria visual)

- Palillos: Se toman 7 palillos y se juega como los palillos chinos, el menor debe tomar uno por uno con cuidado. (Medición del desempeño psicomotor fino de extremidades superiores)

- Psicomotricidad fina y coordinación ambas manos: El menor debe tomar piezas de pimienta con una mano y pasarlas por un popote con la otra mano.

- Clavilandia: La prueba contiene una tabla con orificios y unas tachuelas de plástico que debe ensartar en los orificios la tabla. (Medición del desempeño psicomotor fino de extremidades superiores)

- Pesca de peces; equilibrio de ambas manos: Con una caña de aprox. 60 cm y que tiene un imán al final, los menores deben pescar 4 peces de 5 cm; los cuales tienen un imán en la boca.

- Rompecabezas Tigre dimensional: La prueba consta de 4 piezas que juntas forman la cara de un tigre, las piezas vienen en forma de cubo. (Medición de ubicación espacial).

- Rompecabezas de reloj: se le pide al menor que ubique las piezas dentro del reloj, las cuales se ensamblan en figuras geométricas. (Medición de la coordinación ojo-mano)

- Memoria auditiva (Sonido de animales): 4 animales (Tigre, caballo, elefante y Perro). Las figuras se encuentran ubicadas en el reloj con una manecilla al centro. Al presionar la figura del animal, este emite su sonido y al mover la manecilla en dirección hacia el animal también emite su sonido. Se le indica al menor que mueva la manecilla en dirección del animal que se le ha indicado a través de reproducir el sonido del animal por parte del terapeuta.

- Memoria Visual y reconocimiento de letras: En una mesa se encuentran las figuras tridimensionales del alfabeto. Verbalmente se le pide a los pacientes que identifiquen las letras.

Todo el material fue proporcionado por la Presidenta del DIF de Bahía de Banderas a través de la Unidad de Rehabilitación.

Se realizaron también evaluaciones con pre test y post test para comparar los resultados. Al final de cada caso en ambos grupos, he incluido las notas y resultados proporcionados por la Dra. Valeria Lizaola, especialista en terapia Física y por parte de la Lic. En terapia de lenguaje Montserrat Arellano Cruz.

Cabe mencionar que los padres de familia estuvieron registrando información en escritos que nos entregaban semanalmente en donde anotaban todos los datos que iban observando en sus hijos durante el tiempo que duró el proyecto.

SEGUNDO GRUPO.

En el segundo grupo se utilizó el instrumento de ESCALA DOLL, fue aplicado al segundo grupo de niños y niñas de 2 a 4 años; con este instrumento se intentó explorar la competencia social definida básicamente en la posibilidad de asumir su propia responsabilidad, capacidad de integrarse en un grupo social y capacidad de contribuir a la vida social en donde se podría dictaminar su grado de desarrollo y las áreas de deficiencia.

TABLAS DE RESULTADO POR GRUPO.

PRIMER GRUPO

Tabla de resultados del Grupo 1

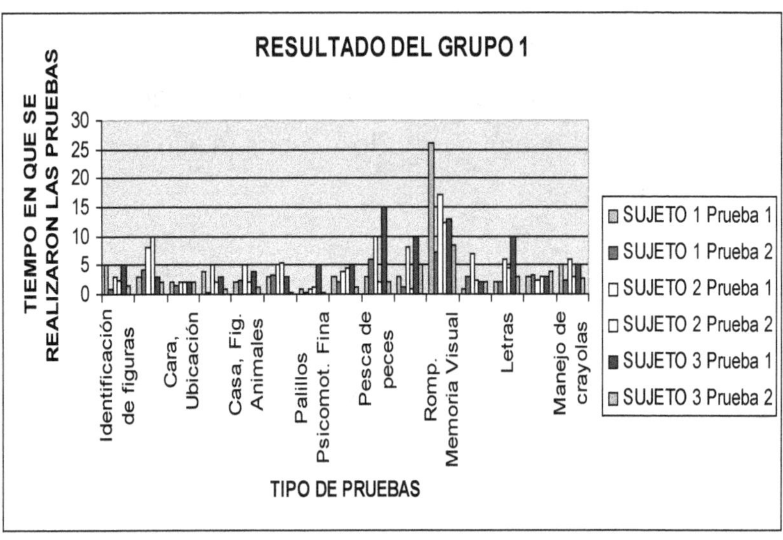

Cambios observados en los y las niñas del primer grupo de niños 7 a 10 años:

- Aumento en los movimientos corporales.

- Mayor fluidez en su lenguaje, han aprendido mínimo dos palabras nuevas.

- Se observan más relajados y tranquilos

- Son más tolerantes con ellos mismos, se desesperan menos cuando las actividades tienen un mayor grado de dificultad.

- Muestran menor ansiedad.

- Buscan ser más autosuficientes e independientes al hacer sus actividades.

- Ha mejorado su pensamiento lógico.

SEGUNDO GRUPO

A continuación se presentan las gráficas obtenidas por medio de la escala Doll aplicada a los niños y las niñas del segundo grupo.

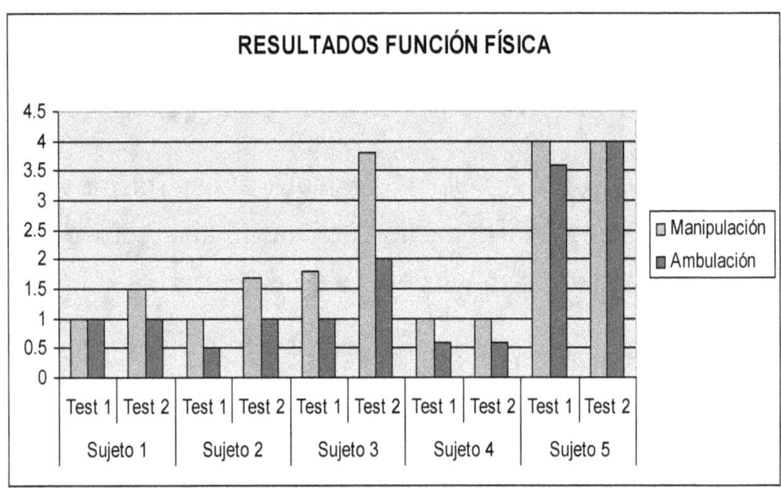

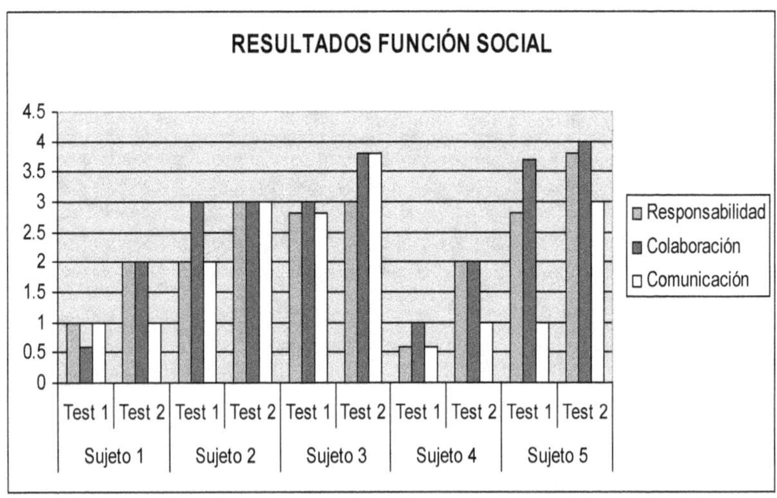

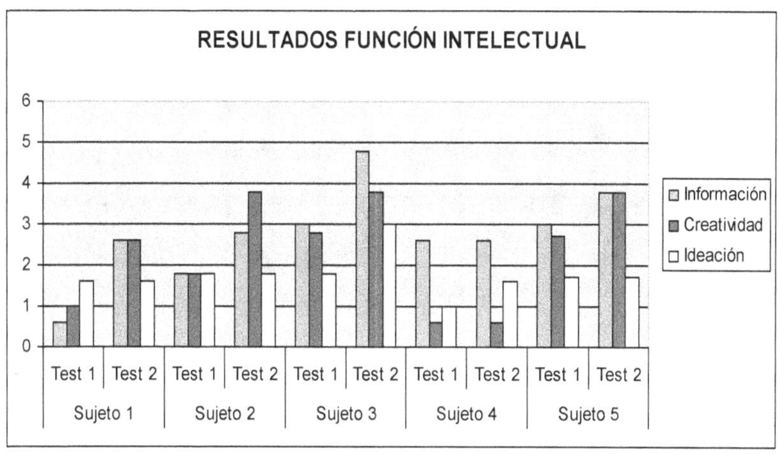

Cambios observados en el segundo grupo de los niños que van de los 2 a 4 años:

- El ritmo de sueño ha mejorado.

- Sus movimientos corporales han mejorado y aumentado.

- La menor que tenía un mayor lenguaje antes del tratamiento, habla de manera más clara.

- Su nivel de dependencia ha disminuido.

- Muestran agrado hacia el agua y el hecho de estar en tinas les causa alegría.

CONCLUSIONES:

Después de analizar los dos instrumentos de evaluación en los niños, podemos destacar un gran avance en diferentes áreas, desde el área emocional, hasta el área física y psicológica, logrando generar una mejor calidad de vida en cada uno de los niños.

Es importante destacar que el Delfín permite el trabajo emocional con los niños y sus padres. A cierto tiempo de interacción física entre el delfín y los niños, se ha notado que su sistema músculo-esquelético de los niños se encuentra más relajado, permitiendo así la movilización coordinada además de ser más eficientes sus movimientos corporales.

La terapia con delfines ha desarrollado estímulos en los cinco sentidos, lo cual permite una mejor interconexión de las redes neuronales. Los menores pueden interpretar mejor su realidad ya que mediante este trabajo están conectados a su medio que les rodea; dado que sus cinco sentidos son puestos en alerta y permite un mayor contacto con la realidad. En cuanto al avance emocional, tanto padres como los niños, se ha elevado su autoestima cuando es equiparada a sus logros físicos y por ende, su calidad de vida ha mejorado en todos los ámbitos.

Es por eso que la terapia con delfines es una herramienta de gran importancia para la terapia de menores con discapacidades, ya que facilita que en los ejercicios de rehabilitación se logren mejores resultados, generando así una mejor calidad de vida para el menor.

Se puede concluir que la terapia con delfines es una herramienta muy efectiva, para integrar y facilitar la funcionalidad de las diversas terapias como: Intención Comunicativa, Psicología con enfoque Gestalt, Rehabilitación Física, Ocupacional y Social.

En base a los resultados obtenidos, puedo inferir que todo el abordaje terapéutico en conjunto con la interacción de los niños y niñas con los delfines facilitó en gran medida el avance que mostraron los niños y las niñas que participaron en el proyecto

CAPÍTULO 5

CASOS CLINICOS Y SUS RESULTADOS INDIVIDUALES.

Caso A: 10 años de edad.

Diagnóstico Médico: Retraso mental con problemas de lenguaje y alteraciones de la postura.

Sueño y vigilia: Su sueño ha mejorado, duerme por más horas ininterrumpidas por la noche y de forma tranquila.

Movilidad de miembros inferiores y desplazamiento: Solía caminar lento y se tropezaba con frecuencia. Actualmente su marcha es más coordinada e independiente.

Movilidad de miembros superiores: Presenta mejor destreza en el movimiento de sus manos, mayor coordinación ojo-mano y de ambas manos. El control de sus manos ha mejorado notablemente, ya que su tacto es más delicado y diseccionado.

Lenguaje e intención comunicativa: Habla más claro, su vocabulario ha aumentado significativamente al igual que su intención comunicativa. Arma frases y se comunica mejor con miembros de su familia y con personas que le rodean.

Aprendizaje (Área intelectual): En cuanto al desempeño en las pruebas que se le aplicaron el menor presenta mayor destreza en su pensamiento analítico y de lógica, es más creativo. El nivel de atención ha mejorado, ya que puede atender visualmente y concentrarse en una sola actividad por mayor tiempo

Manejo de emociones: El menor es más seguro de sí mismo, aumentó su grado de independencia, quiere desplazarse por sí mismo, es menos cohibido. Ha aprendido a socializar con otros niños. Su carácter es más apacible, sin embargo tiene la capacidad de defender lo que quiere. Su apetito ha aumentado.

Cabe señalar que el menor ha ingresado al tercer grado de primaria, en donde ha tenido buena aceptación por parte de sus compañeros y él socializa con los niños de una forma óptima. Es más energético y busca más actividades que realizar.

Evaluación:

El menor ha mejorado en tiempos y en puntajes en la segunda aplicación de la prueba aplicada en el área psicomotriz y de atención. Se concluye que su agilidad mental ha mejorado al igual que su destreza psicomotora.

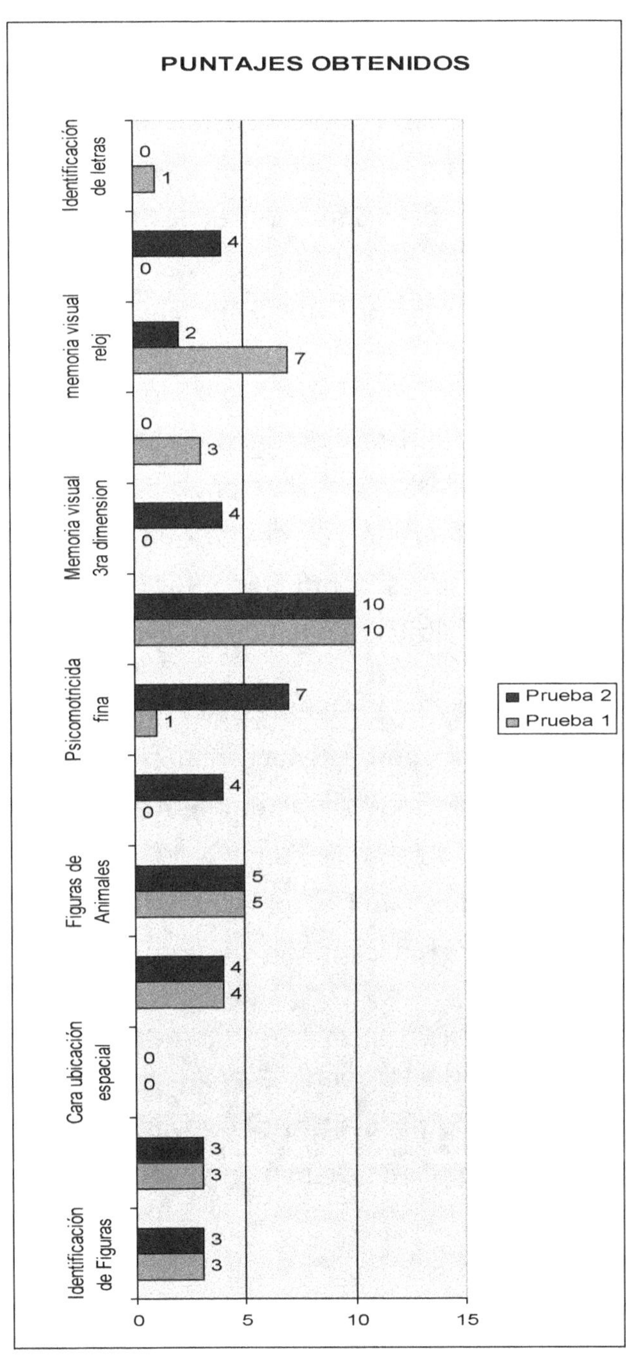
PUNTAJES OBTENIDOS
Prueba 2
Prueba 1
Identificación de letras
0
1
4
0
memoria visual reloj
2
7
0
3
Memoria visual 3ra dimension
4
0
10
10
Psicomotricida fina
7
1
4
0
Figuras de Animales
5
5
4
4
Cara ubicación espacial
0
0
3
3
Identificación de Figuras
3
3
0
5
10
15

Resultados obtenidos en terapia de lenguaje:

El paciente tiene un diagnostico por neurología: Déficit de Atención sin hiperactividad, se puede decir que la déficit de atención no es causante de problemas de lenguaje, pero si puede estar influyendo un poco en las limitantes de comunicación que presenta el paciente.

Presentaba poco control y dominio en las posturas linguales para la emisión de los fonemas, en este momento se ha logrado aumentar un poco la memoria a corto plazo, así como aumentar la atención y dedicación en la realización de los trabajos.

En cuanto a los problemas en el aspecto fonológico se ha avanzado satisfactoriamente ya que su comunicación era silábica y actualmente se puede considerar que presenta un lenguaje más estructurado ya que utiliza palabras trisilábicas, conjunciones y una gran cantidad de verbos que ha adquirido.

El paciente ingresó a terapias de lenguaje en el mes de Abril, presentando problemas de movilidad de los diferentes órganos que intervienen en el habla.

Estos son algunos ejemplos de las actividades que no podía realizar: morder el labio inferior, hacer vibrar los labios, realizar movimientos rápidos de unión y separación de los labios, limpiar las encías con los labios cerrados, hacer vibrar la lengua entre los labios, barrer el paladar de adelante hacia atrás, emisión del fonema en forma aislada, sílabas y repetición de sílabas combinadas.

El paciente muestra un avance general del 89.75 % de todos los trabajos propuestos para él.

A continuación se desglosa las áreas tratadas y el porcentaje obtenido en cada una de ellas.

Soplo	73%
Praxias faciales	92%
Praxias labiales	90%
Praxias Linguales	89%
Onomatopeyas	95%
Aumento de fonación	90%
Reconocimientos de sonidos y ejecución de órdenes simples	93%
Emisión de fonemas tratados	96%
Promedio Total	89.75 %

Caso B: 8 años de edad.

Diagnóstico Médico: Retraso psicomotor grave, retraso de lenguaje y parálisis cerebral infantil hipotónica.

Sueño y vigilia: Duerme más tranquilo, y ya no se orina en la cama por las noches.

Movilidad de miembros inferiores y desplazamiento: Antes del proceso terapéutico su caminar era vacilante, se tropezaba con frecuencia; después del proceso el menor tiene más confianza en su caminar y sus piernas tienen mayor firmeza.

Movilidad de miembros superiores: En cuanto a sus miembros superiores se refiere, el menor no presentó ninguna discapacidad previo al proceso terapéutico.

Lenguaje e intención comunicativa: Habla más claro y ha aumentado su vocabulario significativamente (Lalo, Lola, Lolo, Anahí, Lana, Mar, Lodo, Playa, Pato, Kike, Domingo, Eduardo, Tito, Kilo, Kiko, Tío, Papá, Pepe, julio, Julián, Ana, Lupita, Mesa, Mano, Pie, Leche, Billete, circo, Jugo, chicle, Tenis, Pies, Mariela, Agua, Dotora, Luna, Lima, Loma, Lulú, Limón, Chile, Gato, Gallo, Pollo, Tortilla, Barca, Oso entre otras). Arma frases para comunicarse, dice el pronombre "Mío" en lugar de "Mi".

Aprendizaje (Área intelectual): Al aumentar su vocabulario, su forma de comunicarse ha mejorado de tal manera que el menor logra mantener una lógica y coherencia en sus frases, está orientado en tiempo y en espacio. Los comentarios de su escuela son favorables ya que su desempeño ha mejorado en todos los ámbitos escolares.

Manejo de emociones: Antes del proceso terapéutico era más berrinchudo, no seguía órdenes (cuestión que ha mejorado), solo quería jugar. Presenta mayor independencia, cuando va al baño se limpia solo, se lava sus dientes, se desviste solo, incluyendo sus calcetines y puede abrocharse la camisa.

Evaluación:

El menor ha mejorado en tiempos y en puntajes en la segunda aplicación de la prueba aplicada en el área psicomotriz. Se concluye que su agilidad mental ha mejorado al igual que su destreza psicomotora.

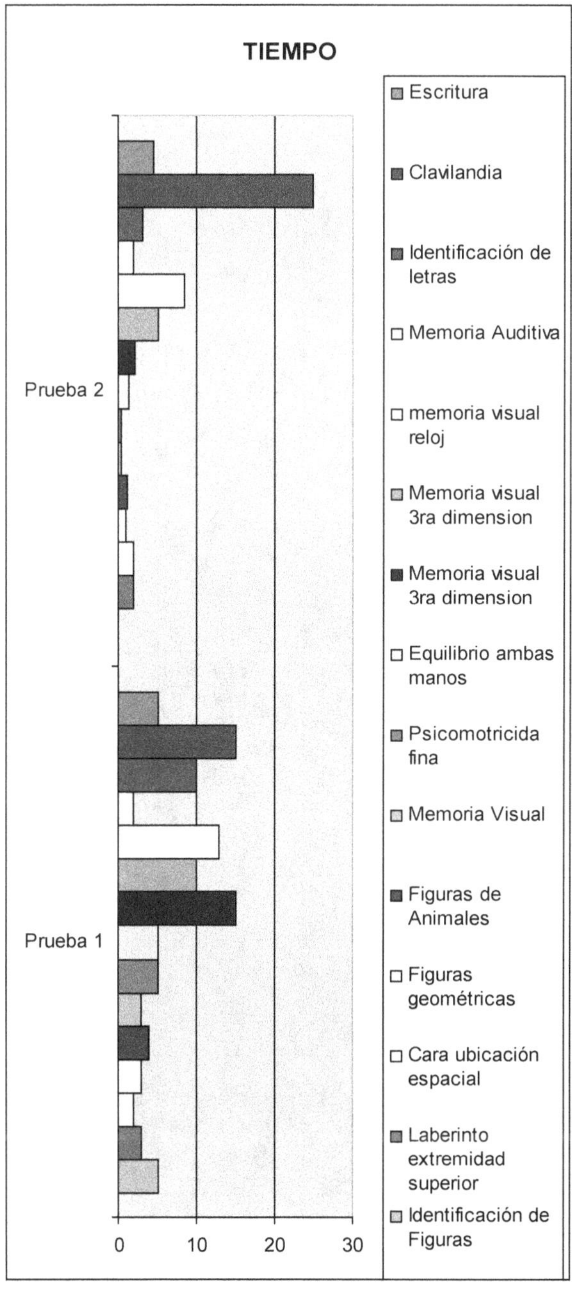
TIEMPO
Prueba 2
Prueba 1
0   10   20   30
Escritura
Clavilandia
Identificación de letras
Memoria Auditiva
memoria visual reloj
Memoria visual 3ra dimension
Memoria visual 3ra dimension
Equilibrio ambas manos
Psicomotricida fina
Memoria Visual
Figuras de Animales
Figuras geométricas
Cara ubicación espacial
Laberinto extremidad superior
Identificación de Figuras

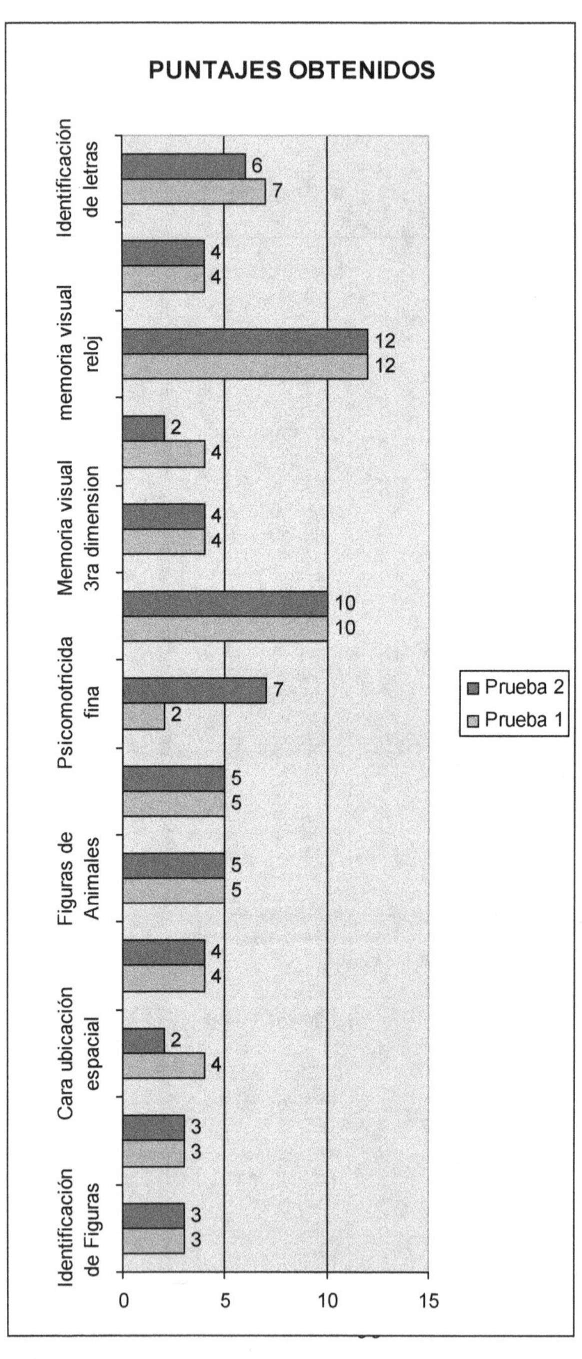

PUNTAJES OBTENIDOS
Identificación de letras
6
7
memoria visual reloj
4
4
12
12
Memoria visual 3ra dimension
2
4
4
4
Psicomotricida fina
10
10
7
2
Figuras de Animales
5
5
5
5
Cara ubicación espacial
4
4
2
4
Identificación de Figuras
3
3
3
3
Prueba 2
Prueba 1
0
5
10
15

Resultados obtenidos en terapia de lenguaje:

El paciente, presenta secuelas de meningitis, debido a estas secuelas su lenguaje se ve afectado en gran forma, así como también presenta apraxia, problemas en el aspecto fonológico y en la comprensión de situaciones cotidianas. El paciente ingresó a terapia de lenguaje en el mes de abril, presentando problemas de movilidad de los diferentes órganos que intervienen en el habla, mutismo selectivo hasta llegar a conocer a la persona o ganar la confianza para poder hablar con ella ya que su lenguaje era silábico, actualmente puede lograr pronunciar gran cantidad de verbos y algunas conjunciones. Estos son algunos ejemplos, de las actividades que no podía realizar: morder el labio inferior, hacer vibrar los labios, realizar movimientos rápidos de unión y separación de los labios, limpiar las encías con los labios cerrados, hacer vibrar la lengua entre los labios, barrer el paladar de adelante hacia atrás, emisión del fonema /b/p/m/ en forma aislada, sílabas y repetición de sílabas combinadas. Así como la introducción de palabras en el lenguaje repetido con los fonemas trabajados se muestra un avance general del 91.5 % de todos los trabajos propuestos para él, a continuación se desglosa las áreas tratadas.

Soplo	88%
Praxias faciales	94%
Praxias labiales	90%
Praxias Linguales	80%
Onomatopeyas	95%
Aumento de fonación	90%
Reconocimientos de sonidos y ejecución de órdenes simples	98%
Emisión de fonemas tratados	97%
Promedio Total	91.5 %

Caso C: 7 años de edad.

Diagnóstico Médico: Parálisis cerebral infantil.

Sueño y vigilia: Permanece dormida durante toda la noche y de forma apacible. Es capaz de irse a dormir cuando así lo necesita.

Movilidad de miembros inferiores y desplazamiento: Para desplazarse la menor utilizaba una silla de ruedas, ya que le era difícil coordinar sus piernas, la tonicidad de sus músculos era tensa, la forma de su pie la tenía en tipo equino y cruzaba sus piernas para dar pasos. Para mantenerse de pie necesitaba apoyo de objetos o de un adulto que la ayudara a sostenerla. Después del proceso terapéutico la menor puede sentarse y pararse por sí sola, apoya las plantas de sus pies firmemente sobre el suelo, puede dar en un promedio de 8 pasos por sí misma sin la ayuda de aparatos o de personas. La tonicidad de sus músculos se ha relajado.

Movilidad de miembros superiores: Utiliza sus manos y brazos para alcanzar objetos que se encuentran en lugares que sobrepasan su estatura, de forma tal que se sube a la mesa o sillas. Es notable el nivel de coordinación motriz al realizar una actividad compleja (coordinación motora) como lo es el baile.

Lenguaje e intención comunicativa: Habla más claro y más fuerte, su vocabulario también ha aumentado. Es capaz de armar frases para contar sucesos que ella ha vivenciado. En su escuela comentan que es más participativa y más comunicativa.

Aprendizaje (Área intelectual): En la escuela ya reconoce las vocales y sabe contar hasta el siete. Ha llegado a la conclusión por sí misma de que son cinco los miembros de su familia. Reconoce los días de la semana y decide por sí sola las actividades que quiere realizar.

Manejo de emociones: Ha logrado ser más independiente, ya no quiere que la trasladen en silla de ruedas, quiere utilizar su andadera para caminar por ella misma, se viste y elige su propia ropa, abre el refrigerador para tomar leche y baja las galletas, se lava sus manos y su cara, hace sus ejercicios que le indicó el terapeuta de lenguaje sin que su madre la ayude o se lo indique, exige sus derechos en todos los aspectos tanto económicos, sociales y emocionales. Por ejemplo cuida de su dinero que le dan sus familiares, y si hace préstamos de ese dinero pide que se lo paguen, cuando va a salir de casa prepara su mochila con juguetes y dulces.

Ha perdido el miedo adormir sola. Demuestra sus sentimientos de cariño, tristeza, alegría, enojo, molestia, etc. Hace preguntas relacionadas a su padre, quien se separó de la familia tiempo atrás.

Evaluación:

La menor ha mejorado en tiempos y en puntajes en la segunda aplicación de la prueba aplicada en el área psicomotriz. Se concluye que su agilidad mental ha mejorado al igual que su destreza psicomotora, en especial su desplazamiento con sus piernas y pies, y la coordinación de sus manos.

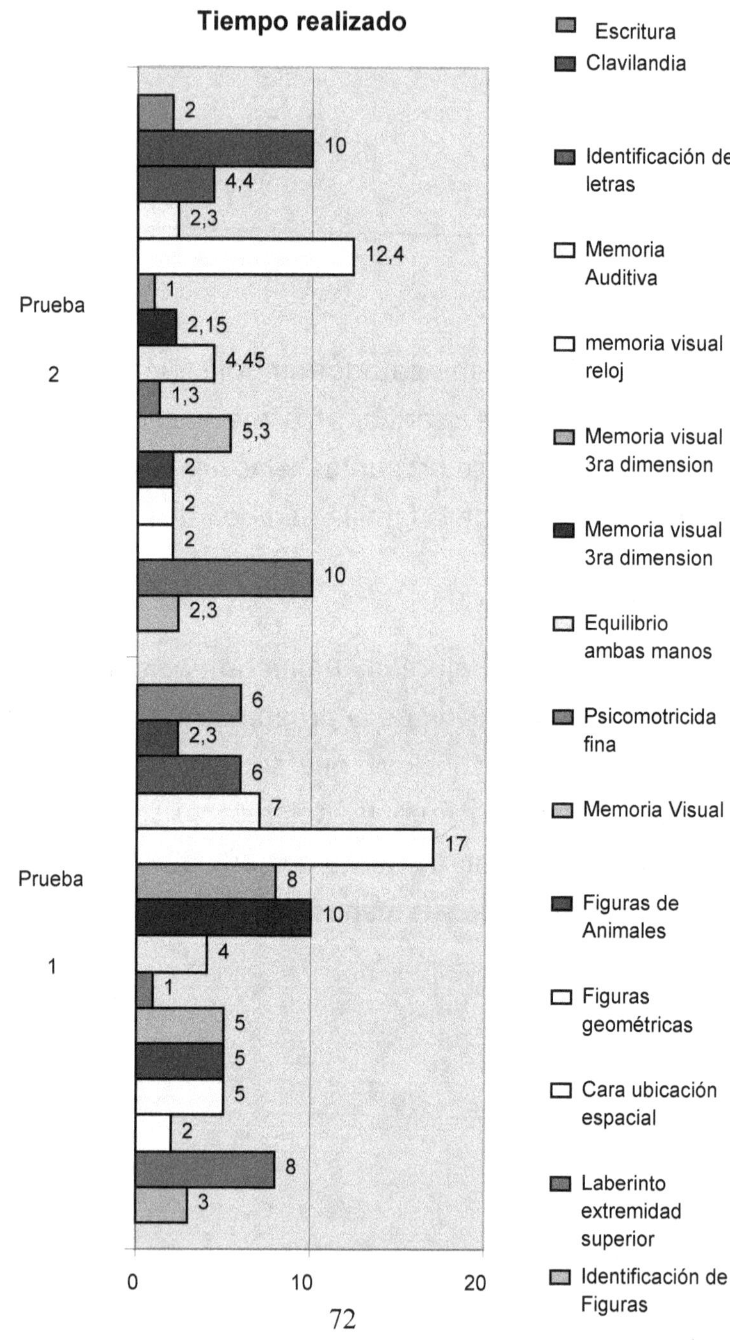
Tiempo realizado
2
10
4,4
2,3
12,4
1
2,15
4,45
1,3
5,3
2
2
2
10
2,3
Prueba 2
6
2,3
6
7
17
8
10
4
1
5
5
5
2
8
3
Prueba 1
0
10
20
Escritura
Clavilandia
Identificación de letras
Memoria Auditiva
memoria visual reloj
Memoria visual 3ra dimension
Memoria visual 3ra dimension
Equilibrio ambas manos
Psicomotricida fina
Memoria Visual
Figuras de Animales
Figuras geométricas
Cara ubicación espacial
Laberinto extremidad superior
Identificación de Figuras

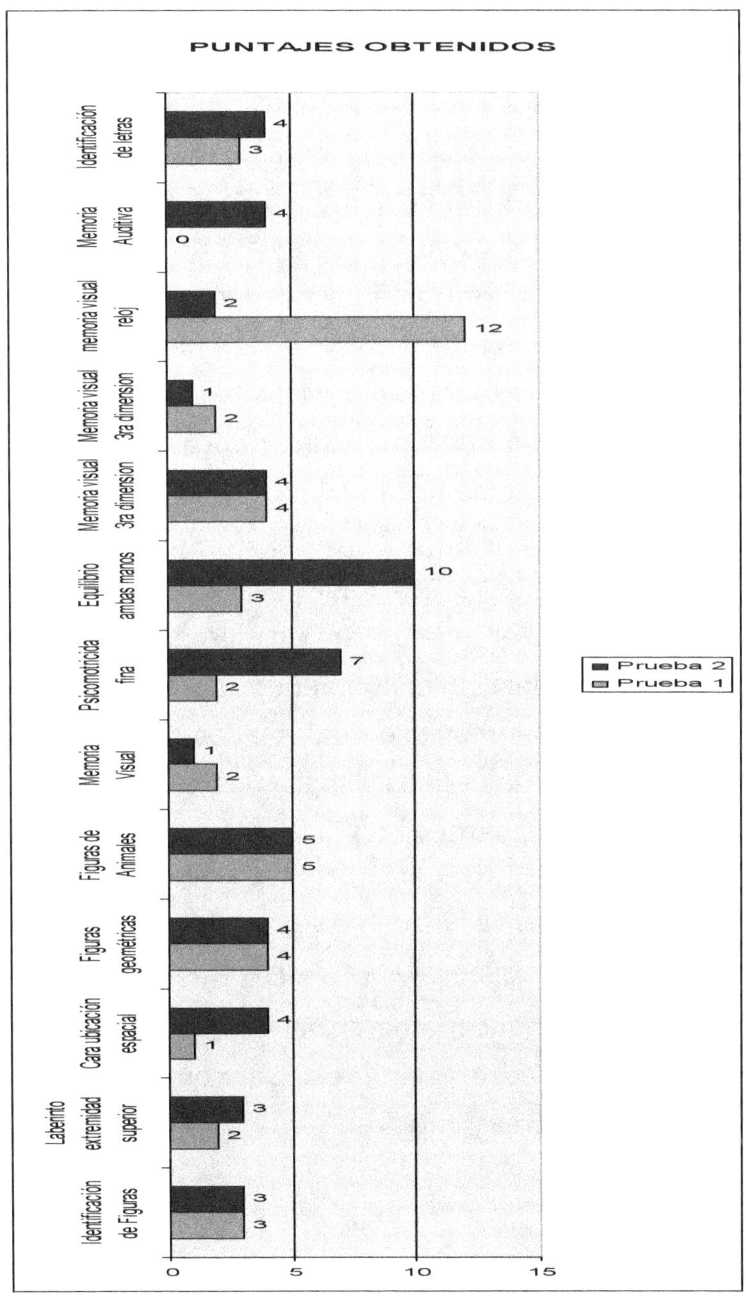
PUNTAJES OBTENIDOS
Prueba 2
Prueba 1
Identificación de letras
4
3
Memoria Auditiva
4
0
memoria visual reloj
2
12
Memoria visual 3ra dimension
1
2
Memoria visual 3ra dimension
4
4
Equilibrio ambas manos
10
3
Psicomotricida fina
7
2
Memoria Visual
1
2
Figuras de Animales
5
5
Figuras geométricas
4
4
Cara ubicación espacial
4
1
Laberinto extremidad superior
3
2
Identificación de Figuras
3
3
0
5
10
15

Resultados obtenidos en terapia de lenguaje:

La paciente presenta parálisis cerebral infantil, como derivado de la PCI, presenta apraxia , así como problemas en el aspecto fonológico, por lo que su comunicación presenta problemas debido a esta causa; la niña ingresó a terapia de lenguaje en el mes de abril, presentando problemas de movilidad de los diferentes órganos que intervienen en el habla, así como la falta de presión de aire y poco control de la salida de este; tenía poca emisión de sonidos, ya que era un lenguaje silábico, en pocas ocasiones fonación bisilábico y limitado únicamente a verbos. Estos son algunos ejemplos, de las actividades que no podía realizar: morder el labio inferior, hacer vibrar los labios, realizar movimientos rápidos de unión y separación de los labios, limpiar las encías con los labios cerrados, hacer vibrar la lengua entre los labios, barrer el paladar de adelante hacia atrás, emisión del fonema /b/ch/d/f/ en forma aislada, sílabas y repetición de sílabas combinadas. Actualmente se muestra un avance general del 85 % de todos los trabajos propuestos para ella, a continuación se desglosan las áreas tratadas.

Soplo	80%
Praxias faciales	70%
Praxias labiales	90%
Praxias Linguales	80%
Onomatopeyas	95%
Aumento de fonación	80%
Reconocimientos de sonidos y ejecución de órdenes simples	90%
Emisión de fonemas tratados	95%
Total	85%

Caso D: 4 años de edad.

Diagnóstico Médico: Síndrome de Down, retraso psicomotor leve y de lenguaje.

Sueño y vigilia: Sus horas de sueño han aumentado y duerme más tranquila.

Movilidad de miembros inferiores y desplazamiento: En cuanto a sus miembros inferiores se refiere, la menor no presentó ninguna discapacidad previa al proceso terapéutico. En lo que se refiere a su desplazamiento, es más independiente.

Movilidad de miembros superiores: En cuanto a sus miembros superiores se refiere, la menor no presentó ninguna discapacidad previa al proceso terapéutico. Sin embargo ha mejorado su coordinación táctil.

Lenguaje e intención comunicativa: Habla más claro y ha incrementado su vocabulario.

Aprendizaje (Área intelectual): Su nivel de atención ha incrementado significativamente en sus actividades diarias como: ver la televisión, jugar con un juguete o rayar su libreta (logra permanecer realizando una misma actividad por mayor tiempo). Trata de cantar las canciones que le gustan, imitando las tonadas.

Manejo de emociones: Al inicio ella mordía a las personas que se le acercaban y no conocía, era impulsiva. Estaba apegada a la madre, no seguía indicaciones, hacía berrinches con frecuencia (lloraba y se tiraba al suelo, arrojaba objetos hacia la cara de las personas, gritaba y golpeaba con la mano), su comportamiento era más agresivo.

Después del proceso terapéutico su actitud cambio a ser más tranquila, sonríe con mayor frecuencia, comparte sus juguetes con otros niños, cuida sus juguetes y no los avienta, es un poco más paciente, hace menos berrinches y es capaz de seguir órdenes simples. En general es más sociable y tolerante con niños y adultos que se le acercan.

Tiene mayor seguridad en sí misma y en las actividades que desempeña, tales como caminar sola y explorar nuevos lugares.

Es más independiente y menos apegada a la madre, se levanta sola, come por sí misma, se baña sola, se pone sus zapatos y se desviste ella misma, prende la televisión y la luz de su cuarto; su iniciativa para realizar actividades ha aumentado. Inclusive su apetito ha mejorado.

El miedo desmesurado que tenía hacia los truenos y a la lluvia ha disminuido considerablemente. Cabe mencionar que la menor he ingresado al kínder, ante lo cual su nivel social sigue mejorando, adaptándose a nuevas experiencias y nuevas personas tanto adultos como niños.

Evaluación:

De acuerdo a la aplicación previa de la Escala Doll, la paciente presentó un desarrollo Evolutivo de 2 años y 7 meses.

En la aplicación posterior a la terapia con delfines la menor presentó un desarrollo evolutivo de 3 años y 3 meses.

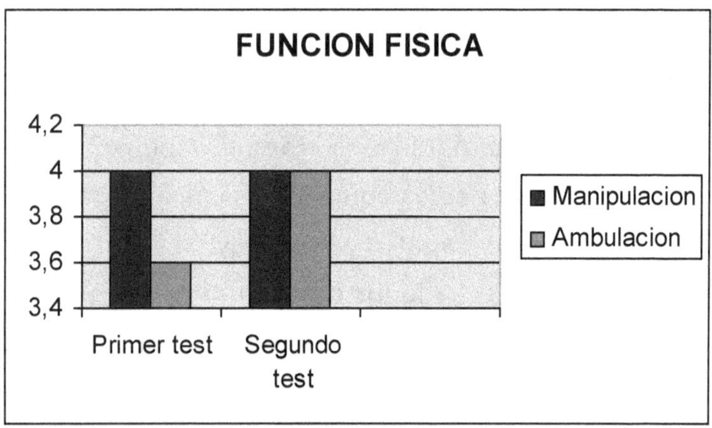

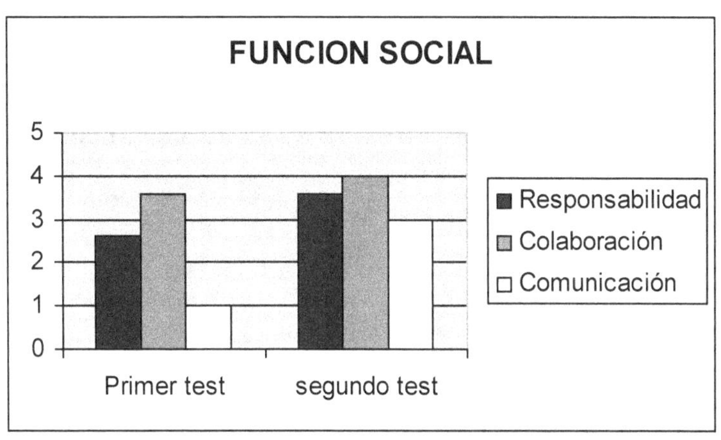
FUNCION SOCIAL
5
4
3
2
1
0
Responsabilidad
Colaboración
Comunicación
Primer test
segundo test

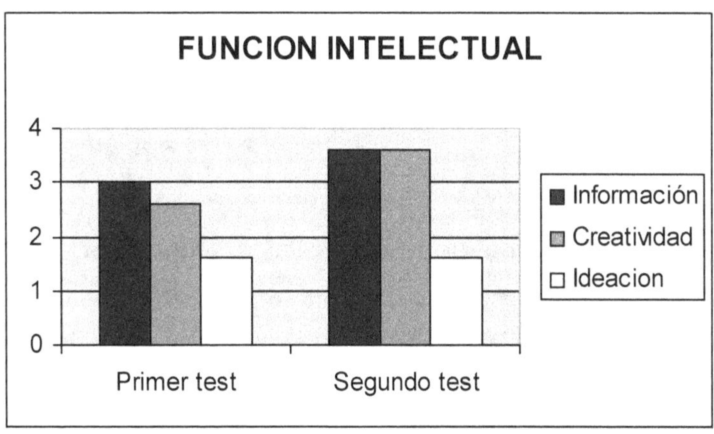
FUNCION INTELECTUAL
4
3
2
1
0
Información
Creatividad
Ideacion
Primer test
Segundo test

Conclusión: La paciente incrementó su desarrollo evolutivo en un puntaje relativo a 7 meses, lo cual la posiciona a 8 meses atrás de su edad cronológica (4 años de edad).

Resultados obtenidos en terapia de lenguaje:

La paciente presenta trisomía 21, por lo que su lenguaje presenta problemas debido a esta causa; la niña ingresó a terapia de lenguaje en el mes de abril, presentando problemas de movilidad de los diferentes órganos que intervienen en el habla, así como la falta de presión de aire y poco control de la salida de este.

Tenía poca emisión de sonidos, dificultad en reconocer palabras u entender ordenes, sencillas. Estos son algunos ejemplos de las actividades que no podía realizar: morder el labio inferior, hacer vibrar los labios, realizar movimientos rápidos de unión y separación de los labios, limpiar las encías con los labios cerrados, hacer vibrar la lengua entre los labios, barrer el paladar de adelante hacia atrás, emisión del fonema /b/ y repetición de sílabas combinadas ejemplo: baba, babo, babu, babe, babi, babe, boba, bobo, bobu, bobe, bobi, buba, bubo, bubu, bube, bubi, beba, bebo, bebu, bebe, bebi, biba, bibo, bibu, bibe, bibi, etc.

Actualmente se muestra un avance general del 65.6 % de todos los trabajos propuestos para ella, a continuación se desglosa las áreas tratadas.

Soplo	90%
Praxias faciales	50%
Praxias labiales	90%
Praxias Linguales	80%
Onomatopeyas	80%
Aumento de fonación	50%
Reconocimientos de sonidos y ejecución de órdenes simples	60%
Emisión de fonemas tratados	27%

Caso E: 4 años de edad.

Diagnóstico médico: Parálisis cerebral infantil cuadriparética atetosica.

Sueño y vigilia: La menor puede tomar siestas por la tarde y dormir tranquila por las noches.

Movilidad de miembros inferiores y desplazamiento: Antes de comenzar con la terapia con delfines la menor presentaba un nulo control de sus músculos, ahora logra mantenerse sentada por sí misma, presenta una mejoría en el control de sus músculos y de equilibrio vestibular.

Movilidad de miembros superiores: La paciente ahora puede estirar sus manos para agarrar objetos, tales como su chupón, o estirar las manos hacia su madre.

Lenguaje e intención comunicativa: La menor puede realizar sonidos guturales con intención comunicativa, cuestión que no podía lograr previo al proceso terapéutico.

Aprendizaje (Área intelectual): La paciente puede ubicar los sonidos y reaccionar ante estímulos, cuando los localiza ella voltea su cabeza y dirige su mirada hacia el objeto que produce el sonido. Su nivel de atención ha aumentado, ya que permanece enfocando su sentido de la vista por más tiempo.

Manejo de emociones: La paciente muestra más reacciones emocional, expresa enojo, tristeza, llanto y alegría. Reconoce a las personas cercanas a ella.

Nota: La menor no acudió a terapias de lenguaje.

Evaluación:

De acuerdo a la aplicación previa de la Escala Doll, la paciente presentó un desarrollo evolutivo de 1 año.

En la aplicación posterior a la terapia con delfines la menor presentó un desarrollo evolutivo de 1 año y cuatro meses. Por lo que se puede inferir que logró avanzar 4 meses en su desarrollo.

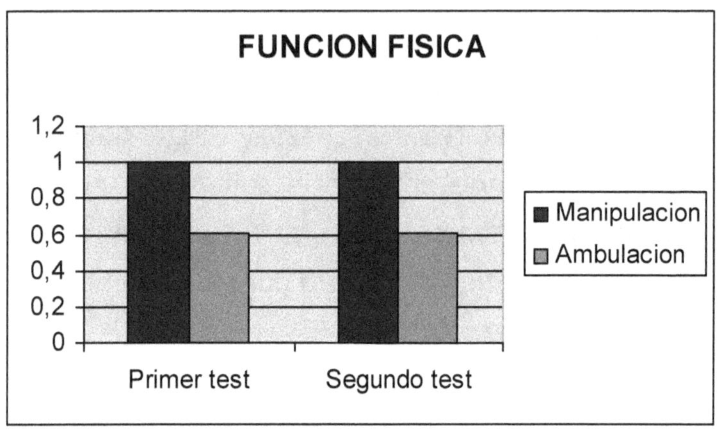

FUNCION FISICA
1,2
1
0,8
0,6
0,4
0,2
0
Primer test
Segundo test
Manipulacion
Ambulacion

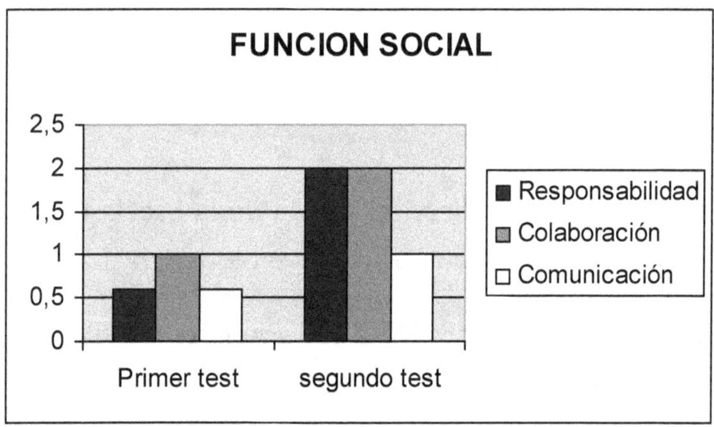

FUNCION SOCIAL
2,5
2
1,5
1
0,5
0
Primer test
segundo test
Responsabilidad
Colaboración
Comunicación

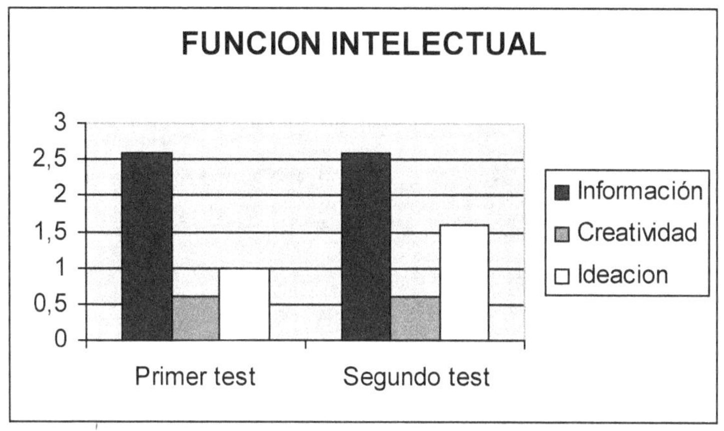

Conclusión: La paciente aumentó en su desarrollo evolutivo, un puntaje relativo a 4 meses y lo que la posiciona a 2 años y 8 meses atrás de su edad cronológica (4 años de edad).

JMV: 2 años y siete meses de edad.

Diagnóstico Médico: Parálisis cerebral infantil paraparética espástica. (Tiene las piernas estiradas, como si estuviera parado de puntas y las cruza). La parte medular de su rehabilitación ha sido el trabajar con sus miembros inferiores, para lograr una mejor movilidad de las piernas.

Sueño y vigilia: Antes de comenzar las terapias el paciente despertaba en la madrugada, se quedaba inquieto, lloraba y golpeaba a sus padres; en algunas ocasiones su cuerpo se sobresaltaba cuando estaba dormido. El cambio que presentó después de las terapias es que duerme más tiempo, permanece tranquilo en su sueño y si llega a despertarse permanece tranquilo y puede volver a dormir sin sobresaltos.

Movilidad de miembros inferiores y desplazamiento: Antes de comenzar con la terapia con delfines lo ponían en el suelo y el menor se asustaba, por lo que se negaba desplazarse, ahora el menor puede desplazarse sin temor ya sea gateando o arrastrándose. Cuando se cae hacia atrás dobla las piernas hacia delante, para acomodar su cuerpo para la caída. Para desplazarse se arrastra o bien si se le toma de las manos logra dar pasos, sus piernas presentan mayor flexibilidad al igual que sus pies. Ahora puede bajarse de la cama utilizando sus manos y sus piernas lográndolo con éxito y sin lastimarse. Al permanecer sentado ya logra doblar un pie. Intenta hacer movimientos para bailar.

Movilidad de miembros superiores: El menor Utiliza sus brazos para intentar sentarse, previo a la terapia el menor no tenía la intención de sentarse o de pararse.

Lenguaje e intención comunicativa: Ha aprendido a succionar, soplar, sacar la lengua y dar besos. Habla más claro, el manejo de su vocabulario ha aumentado, es más comunicativo, trata de cantar las canciones y trata de imitar lo que su hermana habla.

Aprendizaje (Área intelectual): Trata de contar los números, es más creativo, busca solucionar problemas que se le presentan para desplazarse, logra medir ciertos riesgos al desplazarse en la andadera, por ejemplo, el no acercarse a la orilla de la banqueta, etc. Toma el lápiz y trata de dibujar en la hoja de papel. Hace preguntas sobre los objetos que observa y repite el nombre de los objetos que le dicen. Logra identificar las partes de su cuerpo. Puede manipular el control de la televisión.

Manejo de emociones: El menor presentaba miedo desmesurado hacia los perros, gallinas y gatos; después de la terapia (que en un principio se resistía a tocar el delfín), puede jugar con su perro e incluso le habla a su perro. Ha logrado perder el miedo hacia gatos y perros en general; puede tocarlos voluntariamente. El menor presenta un gran avance en cuanto a su área social, convive y juega mejor con sus hermanos mayores, imita el juego de ellos, interactúa mejor con los adultos, sigue órdenes sencillas. Puede mantener un dialogo con sus padres y sus hermanos. Pide jugar con otros niños, incluso presta sus juguetes.

Evaluación:

De acuerdo a la aplicación previa de la Escala Doll José presentó un desarrollo Evolutivo de 1 año y 6 meses.

En la aplicación posterior a la terapia con delfines el menor presentó un desarrollo evolutivo de 2 años y cuatro meses.

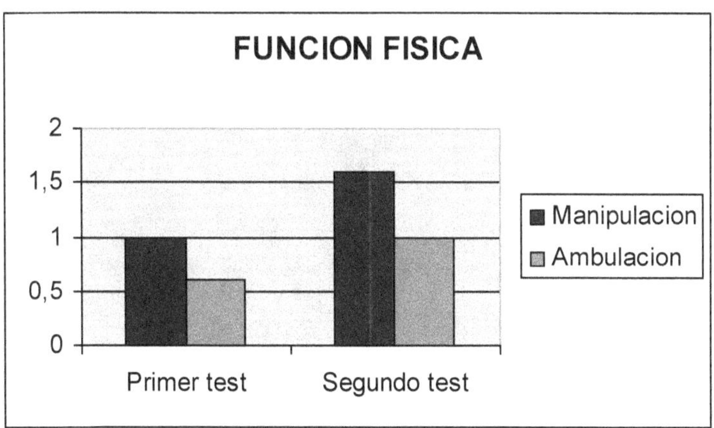

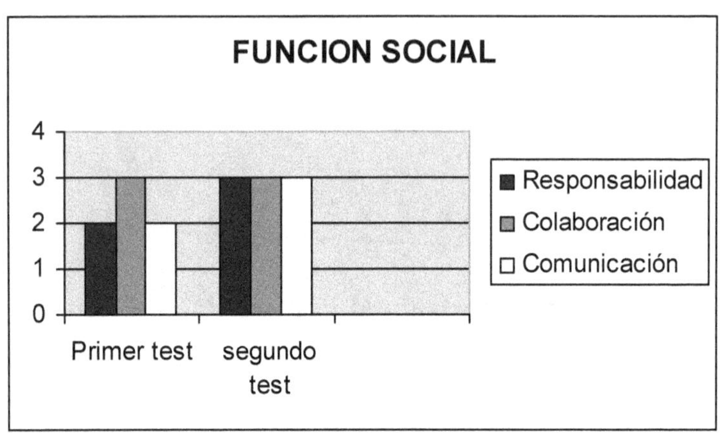

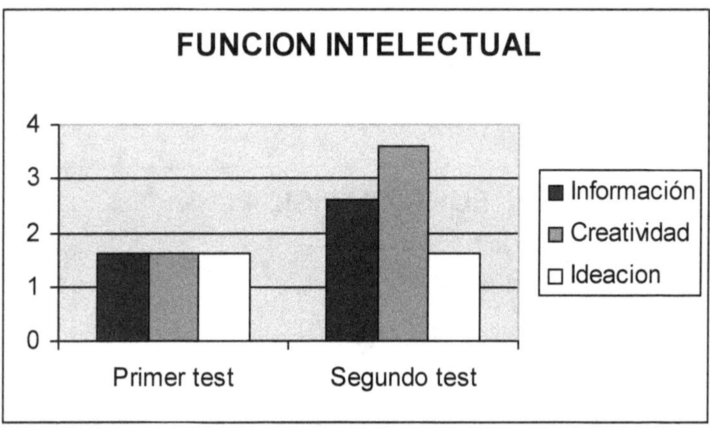

Conclusión: El paciente aumentó en su desarrollo evolutivo, un puntaje relativo a 10 meses y lo que lo posiciona a 3 meses atrás de su edad cronológica (2 años y 7 meses de edad)

JZT: 3 años de edad.

Diagnóstico Médico: Retraso psicomotor severo, rasgos de parálisis cerebral infantil diparetica atetosica.

Sueño y vigilia: Ha cambiado el horario de dormir, anteriormente el menor dormía de día y se mantenía despierto de noche. Sus horas de sueño se han regularizado al igual que sus horarios, por lo que duerme de noche y permanece tranquilo mientras duerme.

Movilidad de miembros inferiores y desplazamiento: Antes de la terapia con delfines el menor no presentaba un grado óptimo de fortaleza en sus piernas (Como tampoco tenía la motivación o intención de mover sus piernas por sí mismo), no se desplazaba, ni tenía la intención de pararse (Sostenerse en sus piernas).

Sus cambios han sido significativos, ya que la fuerza y tonicidad de sus piernas ha aumentado a un grado tal que sus piernas ya lo sostienen, busca pararse por sí mismo apoyándose con sus brazos y objetos cercanos a él.

Para desplazarse el menor ha aprendido a arrastrarse utilizando brazos y piernas (Movimiento previo al gateo). Logra sentarse por sí mismo, actividad que al menor le costaba trabajo hacer.

Movilidad de miembros superiores: El contacto que el menor realizaba con sus manos y brazos era de una manera fuerte y brusca; después de la terapia con delfines el menor logra tocar suavemente y de una forma más delicada con sus manos y pies. (Su ansiedad ha disminuido).

Lenguaje e intención comunicativa: Previo a la terapia con delfines solo emitía sonidos guturales, ahora el menor comienza a balbucear emitiendo sonidos como ÑAÑA, LALA, TATA. Utiliza sus brazos y su cuerpo para indicar que necesita, y ahora lo complementa con sonidos que él emite.

Aprendizaje (Área intelectual): Su nivel de atención ha progresado ya que anteriormente el menor no era capaz de poner atención, se mantenía distante y distraído, ahora el menor puede localizar sonidos y mantener su vista fijada hacia la persona que le habla.

Manejo de emociones: El menor es más energético y busca mantenerse activo. Expresa sus emociones, como alegría y enojo. Intenta comunicar que es lo que quiere. Previo a la terapia con delfines su carácter era más irritable y le costaba trabajo relajarse; ahora el menor logra permanecer tranquilo más tiempo, permite que le ayuden a relajarse y es más alegre. Su sonrisa ya no es para el mismo, ahora sonríe con intención de socialización.

Evaluación:

De acuerdo a la aplicación previa de la Escala Doll, el paciente presentó un desarrollo Evolutivo de 9 meses.

En la aplicación posterior a la terapia con delfines el menor presentó un desarrollo evolutivo de 1 año y 8 meses.

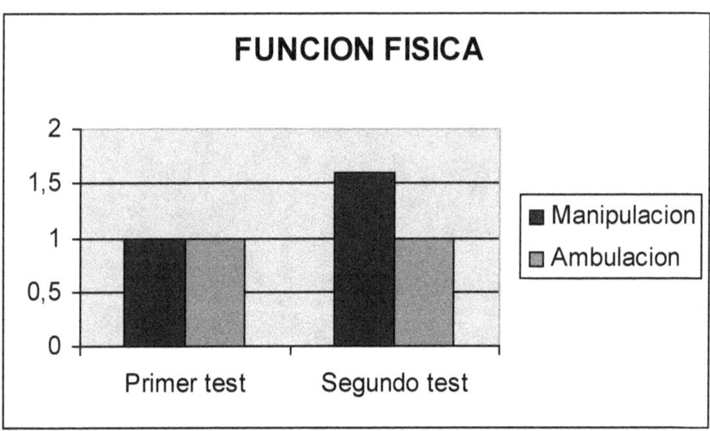

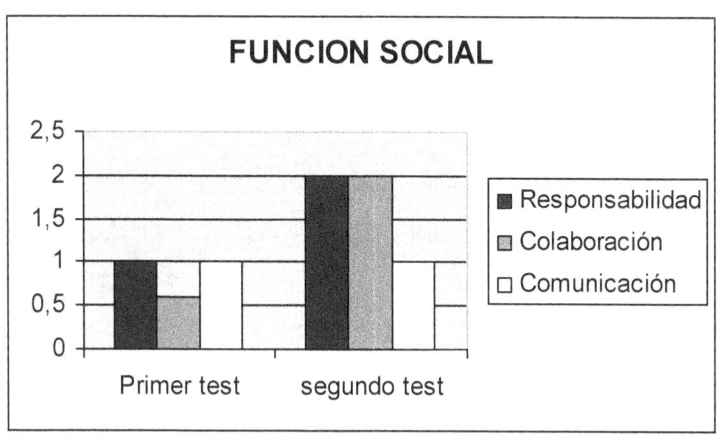

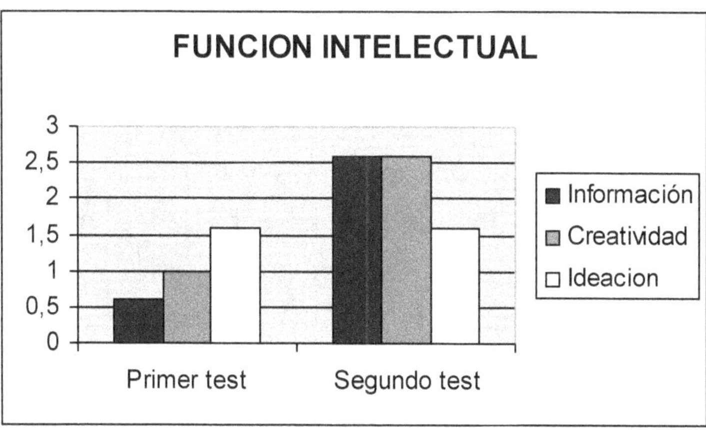

Conclusión: El paciente aumentó en su desarrollo evolutivo, un puntaje relativo a 11 meses y esto lo posiciona a 1 año y 4 meses atrás de su edad cronológica (3 años de edad).

Resultados obtenidos en terapia de lenguaje:

El paciente con el diagnostico de retraso psicomotor severo con rasgos de parálisis cerebral Infantil ingresó a terapia de lenguaje en el mes julio, durante las sesiones que se trabajó con él se trataron las praxias, ya que no tiene ningún tipo de control en los órganos fono articuladores. Los papás refieren que el paciente a iniciado a emitir sonidos labiales y guturales. Los avances obtenidos en las praxias puede decirse que no han sido significativos.

Sin embargo se ha logrado captar la atención del paciente y estar un poco más participativo en la realización de las diferentes actividades que se realizan durante las sesiones de terapia en el consultorio, así como también en las sesiones en casa junto con los padres.

Soplo	3%
Praxias faciales	5%
Praxias labiales	8%
Praxias Linguales	6%
Aumento de fonación	7%
Atención y realización	20%
Promedio total	9.8

ÁDL: 3 años de edad.

Diagnóstico Médico: Parálisis cerebral infantil paraparética espástica. Dos meses antes del proceso terapéutico la menor fue intervenida en su pie derecho quirúrgicamente para corregir el pie equino.

Sueño y vigilia: Sus horas de sueño se han estabilizado, y ahora puede dormirse ella sola sin necesidad de que sus padres estén a un lado de ella.

Movilidad de miembros inferiores y desplazamiento: Antes del proceso terapéutico se arrastraba o caminaba con las rodillas para desplazarse, solo quería estar abrazada y mostraba miedo a estar parada; después del proceso terapéutico la menor se para por sí misma apoyándose en objetos cercanos a ella, logra caminar por sí sola cerca de 4 metros, y camina distancias más largas tomada de la mano o agarrándose de la ropa de sus padres. Baja las escaleras por sí misma y utiliza objetos tales como bancos para poder alcanzar objetos más altos.

Movilidad de miembros superiores: En cuanto a sus miembros superiores se refiere, la menor no presentó ninguna discapacidad previa al proceso terapéutico.

Lenguaje e intención comunicativa: El lenguaje que la menor presenta es más avanzado de lo que se espera de un menor a esa edad. Habla claro, arma frases para expresarse, su lenguaje es fluido, pide lo que quiere comer por su nombre (Salchicha, frijoles, queso, agua, leche, jugo, etc.) previo a la terapia solo decía am- am cuando quería comer. Nombra los colores verde, amarillo, rojo y azul. A sus padres y terapeutas les habla por su nombre, y si se le pregunta cuál es su nombre ella lo pronuncia claramente. En este aspecto su mejoría es altamente significativa.

Aprendizaje (Área intelectual): Presenta un vocabulario de aproximadamente 100 palabras, Identifica a sus familiares y personas cercanas a ella por sus nombres. Conoce los lugares donde trabajan sus padres y la casa en donde vive, además de los lugares que visita con frecuencia. En cuanto a su ubicación espacial logra identificar el concepto derecha, izquierda, arriba y abajo. Es más creativa y tiene más iniciativa para jugar. Su capacidad de memoria ha aumentado.

Manejo de emociones: La menor presenta más seguridad en ella misma (Anteriormente era tímida e introvertida). Su grado de independencia es más alto. Es más sociable con los adultos y con los niños que la rodean. Expresa sus sentimientos, a diferencia de cuando inició es más exigente y caprichosa, lo cual significa que logra mayor independencia emocional y defiende lo que ella quiere. Es más activa, imita a los animales y lo que ve en televisión. Su apetito ha mejorado.

Nota: La menor no acudió a terapia de lenguaje con el especialista, pero la estimulación de sus padres es notable ya que pusieron mucho empeño (ambos padres practican la docencia).

Evaluación:

De acuerdo a la aplicación previa de la Escala Doll, la paciente presentó un desarrollo Evolutivo de 2años y 2 meses.

En la aplicación posterior a la terapia con delfines la menor presentó un desarrollo evolutivo de 3 años y 3 meses.

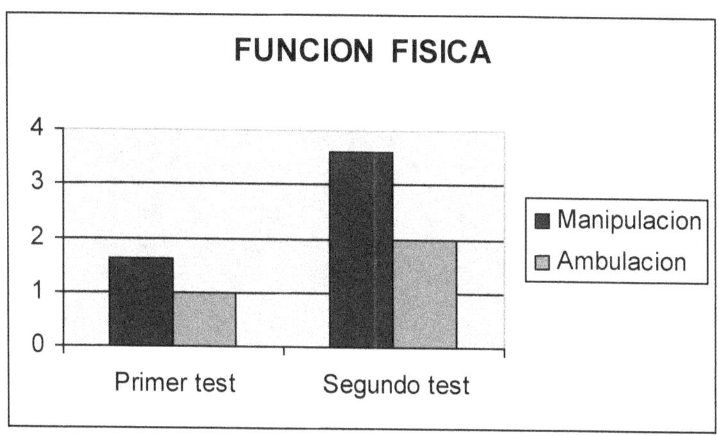

FUNCION FISICA
4
3
2
1
0
Primer test
Segundo test
Manipulacion
Ambulacion

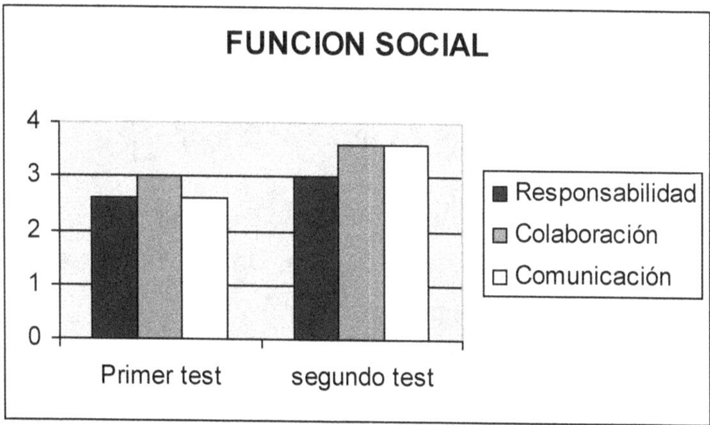

FUNCION SOCIAL
4
3
2
1
0
Primer test
segundo test
Responsabilidad
Colaboración
Comunicación

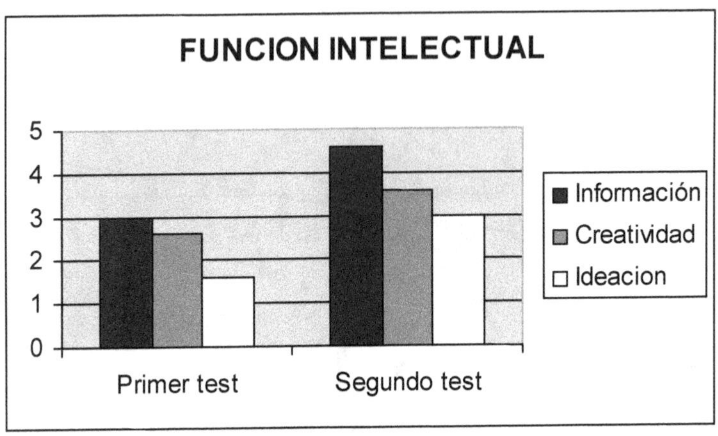

Conclusión: La paciente aumentó en su desarrollo evolutivo, un puntaje relativo a 11 meses, lo cual la posiciona a 3 meses más avanzada a su edad cronológica (3 años de edad)

Resultados obtenidos en terapia de lenguaje:

- Sonidos y palabras pronunciadas: Si, Aquí, Esta, Mono, Pollo, Así, Hay esta, Uno, Armar con ese, este, mamá, papá, toñito.

BIBLIOGRAFIA

Wikipedia. Recuperado el 7 de Octubre del 2017, de: https://es.wikipedia.org/wiki/Discapacidad

Devdutt, Pattanaik (15 de Abril del 2014). Recuperado el 20 de Octubre del 2017 de: http://amigosdeindia.org/mitologia/diosesdiscapacitados/

Escrito e ilustrado por Devdutt Pattanaik. Traducido por Cristhian SG. Reproducido con permiso del autor. Publicado en Economic Times 31 Enero 2014.

Publicado por terapia física en ejercicio y rehabilitación. Recuperado 15 de Octubre del 2017 de: http://www.terapia-fisica.com/delfinoterapia/

www.ingramcontent.com/pod-product-compliance
Lightning Source LLC
Chambersburg PA
CBHW070823260726
48660CB00005B/1966